Irene Paust

Ziehe dein schimmerndes Kleid an,
weine nicht mehr!

Der Weg zum Dualpartner

AF288973

Gewidmet in Liebe und Dankbarkeit meiner Mutter

Lucie Baumann

Es ist nicht leicht, ein Buch vom ersten Buchstaben bis zum Erstellen des Manuskripts als Datei anzufertigen, und ohne die Hilfe meiner Familie und ein paar Freundinnen wäre es niemals zum Abschluss meiner Arbeit gekommen.

Danken möchte ich deshalb meinem Mann Peter und meinem Sohn Robert, die in den vielen Jahren immer wieder einmal meine Kapitel kritisch gelesen haben, und Inga Konopka und Susanne Ehlert, die sich die Mühe machten, meine Interpretation durchzulesen und mich auf Ungereimtheiten aufmerksam zu machen.

Ein besonderer Dank gilt auch Gudrun Rapke, die die abschließende Lesung und Korrektur übernommen hat und nicht müde wurde, auch die Kommata an die richtige Stelle zu setzen.

Und ohne meinen Sohn Martin wäre ich den Tücken der Computertechnik hilflos ausgeliefert gewesen. Immer wieder und mit großer Geduld hat er mir weitergeholfen. Danke!

Irene Paust

Ziehe dein schimmerndes Kleid an, weine nicht mehr!

Der Weg zum Dualpartner

Eine Interpretation des Märchens

Aschenputtel

nach den Brüdern Grimm

Der Text des Märchens ist in der Fassung der Grimmschen
„Kinder- und Hausmärchen" von 1857 wiedergegeben.

Die Deutsche Bibliothek – CIP-Einheitsaufnahme

Alle Rechte liegen bei der Autorin.
Herstellung: Books on Demand GmbH, Norderstedt
2002, Schwabach
Umschlaggestaltung: Martin Paust
Titelphoto (Ausschnitt): Hubble Teleskop

ISBN 3-8311-4634-9

Inhalt:

Vorwort

„Alles hat seine Stunde, und es gibt eine Zeit für jegliche Sache unter der Sonne." So beginnt das 3. Kapitel des Predigers im Alten Testament. Es wird zwar darin nicht ausdrücklich die Suche nach dem Sinn des Lebens erwähnt, aber erfahrungsgemäß gibt es auch dafür eine Zeit. Denn jeder Mensch kommt irgendwann einmal in die Situation, in der für ihn Sinnfragen laut werden. Meist durch einen Schicksalsschlag aus einer eher dämmerartigen Lebensführung geweckt, werden plötzlich bisher unbedeutende Themen wichtig: „Wer bin ich?", „Warum bin ich hier auf der Erde?", „Warum habe ich gerade diese Eltern?", „Warum musste das mir passieren?", „Was passiert mit mir, wenn ich gestorben bin?" und so weiter.

Meine Suche nach Antworten auf derartige Fragen begann nach dem plötzlichen Tod meines Vaters. Von einer Minute zur anderen war ich persönlich mit einer Thematik konfrontiert, die doch sehr lange Zeit nur eine untergeordnete Rolle in meinem Leben gespielt hatte.

Als ich neun Jahre alt war, starb achtjährig unser Nachbarsjunge, mein Spielkamerad. Wie ich mit dieser Erfahrung seelisch fertig wurde, weiß ich nicht mehr. Ich kann mich aber an große Ängste vor dem Einschlafen erinnern. Ein Jahr später verließ uns mein Großvater. Er war mit seinen 72 Jahren, aus meiner damaligen Sicht, uralt und auch sehr krank, und daher war es für mich durchaus folgerichtig, dass er starb: alte kranke Menschen sterben.

Dann, zwanzig Jahre später, als mein sportlicher, scheinbar völlig gesunder Vater einem Herzinfarkt erlag, brach für mich eine Welt zusammen. Dieses Ereignis löste in mir tiefe Erschütterung und Verwirrung aus. Es war wie ein Blitz aus heiterem Himmel. Mir wurde klar: Sterben kann sehr schnell gehen und der Tod klopft nicht immer vorher vernehmlich an die Tür. Unvorbereitet wurde ich mit meiner eigenen Sterblichkeit konfrontiert, und es war überhaupt kein Trost für mich zu wissen, dass die Seele dann in den Himmel kommt und bei Gott weilt. Außerdem war die Voraussetzung dafür eine gute Lebensführung. Mein Vater hatte sicher ein gottesfürchtiges, pflichtbewusstes Leben geführt. Aber wie war das mit mir?

Meinen Kinderglauben hatte ich zu diesem Zeitpunkt bereits abgelegt und mir schon so einige Gedanken über unser Dasein gemacht. Ich hatte schon erfahren, dass „Gut" und „Böse" nicht immer deutlich zu unterscheiden sind. Deshalb war eine eindeutige Antwort auf die Frage, was es heißt, ein gutes Leben zu führen, für mich nicht mehr möglich. Und das, was ich vom Himmel wusste, war auch nicht sehr viel.

Außerdem war da meine fassungslose Mutter und auch meine verzweifelte dreiundachtzigjährige Großmutter, die nicht verstehen konnte, dass ihr Sohn vor ihr die Erde verlassen hatte. Und ich stand da und konnte weder für mich noch für die beiden tröstende Worte finden.

Die unbestimmte Angst, die mich bald überkam, verstärkte sich in den nächsten Monaten und ich wurde ruhelos und krank. Ich zermarterte mir mein Hirn mit Fragen nach dem "Warum?", "Wieso?" und "Weshalb?". Ich betete zu Gott um Hilfe in meiner psychischen und physischen Not, denn als „eingebildete Kranke" rannte ich mittlerweile von Arzt zu Arzt. Jeder von ihnen diagnostizierte „Vegetative Dystonie", schrieb ein Rezept aus und entließ mich wieder. Ich fühlte mich aber in meinem Leiden nicht erkannt und stellte irgendwann entnervt und resigniert meine Arztbesuche ein.

Irgend jemand hatte dann die rettende Idee, meine immer wieder entzündeten Mandeln könnten die Ursache meines Leidens sein. Eine Operation wurde zu dem sprichwörtlichen Strohhalm, an den ich mich klammerte. Im Krankenhaus lag ich dann im selben Zimmer mit einer Dame, die sich mit Graphologie beschäftige. Das Thema faszinierte mich und ich habe sie eine Woche lang darüber ausgefragt. Sofort nach dem Krankenhausaufenthalt meldete ich mich zum Graphologieunterricht an einer Schule in Hirsau an und lernte dort eine für meinen weiteren Lebensweg sehr wichtige Frau, Ilse Scholl, kennen, die mich in den nächsten Jahren nicht nur in Schriftkunde unterrichtete. Ich musste mich mit Tiefenpsychologie beschäftigen und fing an, obwohl ich eigentlich nur Schriftdeuten lernen wollte, etwas über den Menschen zu lernen. Immer tiefer tauchte ich in die Welt der Symbole ein, wurde mit den Bildern des Tarot bekannt, lernte, dass auch Träume ihre Bedeutung haben und dass ein tiefes Wissen in unseren Märchen steckt.

Meine Ängste und meine verschiedenen Krankheitssymptome verschwanden sehr schnell, ob durch die Mandeloperation oder das Finden meines weiteren Weges sei dahingestellt.

Immer noch hungrig nach Wissen, ließ ich mich später noch in Astrologie ausbilden. Damit tauchten aber auch weltanschauliche Fragen auf. Denn es stellte sich sehr schnell für mich die Frage, warum der eine weniger Schwierigkeiten zu meistern hat als der andere. Eine für mich befriedigende Antwort bekam ich durch die Lehre der Reinkarnation.

Viele Jahre vergingen, mittlerweile war ich selbst Beraterin und Lehrerin, da hörte ich im Traum eine Stimme. Es war nur ein kurzer Satz, eine Mitteilung. Mit diesem Satz im Kopf wachte ich auf und konnte damit überhaupt nichts anfangen, aber ich bekam ihn auch nicht mehr aus meinem Kopf. Ich fragte einige Menschen, von denen ich annahm, dass sie mir bei der Deutung helfen könnten. Die Antworten, die ich bekam, befriedigten mich aber nicht wirklich. Da war noch etwas anderes. So fing ich selber an, mich mit Traumdeutung zu beschäftigen. Ich las viele Bücher, besuchte Traumdeutungskurse, legte meinen Satz Lehrern vor und lernte immer wieder neue Aspekte der Deutung kennen. Ich gliederte ihn irgendwann in seine Einzelteile und beschäftigte mich auf vielfältige Weise mit den Teilen. Dabei tauchte auch das Märchen „Aschenputtel" auf.

Ein paar Jahre später wurde mir bewusst, dass ich in einem für mich wichtigen Aspekt meines Lebens, in dem ich in meiner Entwicklung überhaupt nicht vorwärts kam, tatsächlich in der Thematik eines Märchens zu stecken schien, in der des Aschenputtels. Nach anfänglicher Panik und Hilflosigkeit wurde mir aber klar, dass ein Märchen immer ein gutes Ende hat. Und ich erkannte, ich musste mich mit „meinem" Märchen beschäftigen, wenn ich aus dieser ungeliebten Situation heraus wollte. Ich las daraufhin einige der wunderbaren Aschenputtel-Interpretationen, die bereits auf dem Markt waren, die mich sehr ansprachen und mir in der Anfangszeit auch weiterhalfen.

Bald jedoch merkte ich, dass zu manchen Stellen eigene Deutungsmöglichkeiten in mein Bewusstsein drangen, die mich nicht mehr losließen. Und ich fing an, mich selbst durch das Märchen zu arbeiten, nach eigenen Erfahrungen und Ideen deutend. Es dauerte sieben Jahre, bis ich zum letzten Kapitel kam.

Eine Menge habe ich in diesen Jahren erlebt und gelernt. Viele Menschen sind mir begegnet, die mir meist unbewusst Hinweise auf die gerade anstehende Deutung gegeben haben. Immer wieder stockte meine Arbeit monatelang, drei Jahre lang habe ich überhaupt kein Wort geschrieben, und ich hatte eine Schreibblockade, bis ich das nächste Symbol verstanden hatte und dann auch meine Deutung aufs Papier bringen konnte.

Mittlerweile hat sich mein Traumsatz mit seiner Botschaft verselbständigt. In vielen Träumen taucht das Thema in den verschiedensten Variationen wieder auf. Ganz hat sich mir die Botschaft leider immer noch nicht enthüllt. Aber aus der Suche danach ist dieses Buch, diese persönliche und daher sehr subjektive Interpretation entstanden.

Liebe Leserin, lieber Leser,

Sie wissen, jeder Mensch muss seinen eigenen Weg finden und dann gehen. Und wie Sie bin auch ich dabei in meinem bisherigen Leben den verschiedensten Menschen begegnet. Manche begleiteten mich ein Stück, manchmal sogar für eine längere Zeit, oft haben sich unsere Wege aber auch nur gekreuzt. Doch jede Begegnung war für mich wichtig und prägend, denn durch die Erlebnisse und den Gedankenaustausch mit anderen Personen entwickelte sich nach und nach in mir eine ganz bestimmte Weltanschauung. Diese hat natürlich meine Aschenputtel-Interpretation inspiriert. Sie muss mit Ihrer Weltsicht nicht übereinstimmen. „Viele Wege führen nach Rom." Nehmen Sie meine als eine von vielen und lassen Sie sich bitte für die Zeit der Lektüre darauf ein. Die weltanschaulichen Erklärungen sind jedoch bewusst einfach gehalten, da ja im Vordergrund die Interpretation steht.

Wenn Sie meine Arbeit lesen, dann haben auch wir eine kurze Begegnung. Und ich wünsche mir, dass ich Ihnen wenigstens einen wichtigen Satz schenken kann, den Sie mitnehmen können, wenn sich unsere Wege nach einigen Stunden wieder trennen.

Ihre
Irene Paust

Einführung

Meine Beobachtungen und Erfahrungen zum Märchen von Aschenputtel haben die Vorstellung von wiederholten Erdenleben, der Reinkarntionslehre, im Hintergrund. Deshalb möchte ich einige erklärende Worte über diese Weltanschauung meiner Interpretation voranstellen:

Ein Mensch besteht aus Körper, Seele und Geist. Wir sprechen von einer Dreigliederung. Vor langer Zeit wurden wir von Gott als Seelen nach seinem Bild erschaffen und er schuf uns als Mann und Frau. Er gab uns einen freien Willen und machte uns zu seinen Mitschöpfern. Schöpferkraft besitzen wir daher durch unseren göttlichen Anteil. Unsere Seele ist fähig, sich einen Körper zu erschaffen und damit auf der Erde zu leben. Wir sind dadurch aber in die Materie gefallen und haben uns von Gott entfernt.

Wir werden geboren, erwachsen zu einer Persönlichkeit und machen ganz bestimmte Erfahrungen. Durch unseren menschlichen Eigenwillen und die Möglichkeiten, die sich daraus für uns ergeben, verstricken wir uns in unserer Stofflichkeit und vergessen unseren göttlichen Ursprung. Wir suchen nun, ohne uns dessen bewusst zu sein, den Weg zurück in unsere wirkliche Heimat, zurück zu unserem Vater. Da uns die Strecke zu Ihm aber unbekannt ist, müssen wir uns Schritt für Schritt aus dem Dunkel ins Licht vortasten. Immer wieder inkarniert deshalb unsere Seele und nimmt eine neue Persönlichkeit an, um Neues auszuprobieren und kennen zu lernen. Als ein Ich, eingehüllt in einen Körper, deshalb begrenzt in ihren Möglichkeiten, kann sie in den verschiedensten Konstellationen Erkenntnisse auf der Erde über sich gewinnen, die ihren Lebensweg erhellen. Während vergangener Inkarnationen haben wir bereits eine große Menge an Erfahrungen gemacht, sind an Wegkreuzungen gekommen und dadurch immer wieder gezwungen gewesen, Entscheidungen zu treffen. Und diese brachten uns genau dahin, wo wir jetzt stehen. Viele Lektionen haben wir schon gelernt, manche nicht gleich beim ersten Mal, manche Klasse in der Lebensschule musste wiederholt werden. Trotzig haben wir uns immer wieder gegen Erkenntnisse gewehrt und kamen dadurch in Leid.

Wir wollten es einfach besser wissen. Trotzdem sind wir auf unserem spirituellen Weg Schritt für Schritt weitergekommen.

In früheren Leben haben wir bereits viele Fähigkeiten erworben, die wir in unserem jetzigen Leben nutzen können. Da wir aber auch in unserem Überlebenskampf aus Schwäche nicht immer richtig gehandelt haben, sind wir nun in diesem Leben auch mit den Konsequenzen vormaliger Handlungen konfrontiert und müssen uns damit auseinandersetzen und Ausgleich schaffen. Wir unterstehen auf der Erde unser ganzes Leben lang dem Gesetz von Ursache und Wirkung. Ursachen, mit deren Wirkung wir im jetzigen Leben konfrontiert sind, können daher weit in der Vergangenheit, auch in einem früheren Dasein, liegen. Erleben wir Gutes, akzeptieren wir dieses Gesetz. Sind wir aber von Schwierigkeiten umgeben, vergessen wir sehr schnell, dass alles, was uns widerfährt, da unangenehm, mit uns direkt zu tun hat.

Um einen ganz bestimmten Lernschritt zu machen, müssen wir in der Schule des Lebens adäquate Aufgaben lösen. Vorgeburtlich haben wir uns dazu bereit erklärt. Unsere Seele inkarniert deshalb zu einem ganz bestimmten Zeitpunkt, an einem sorgfältig ausgewählten Ort, in eine dazu bereite Familie. Diese Konstellation bildet dann den idealen Rahmen, den wir für dieses Leben brauchen. Wir können sicher sein, dass unsere Eltern genau die richtigen für uns sind. Durch ihr Sosein fördern sie uns auf der einen Seite, zwingen uns aber auf der anderen Seite durch ihre eigene Unvollkommenheit in Schwierigkeiten. Wir sollten jedoch nie vergessen: auch unsere Eltern sind Suchende auf ihrem Entwicklungsweg. Wie wir sind sie ein Glied in einer langen Kette und haben uns die Möglichkeit für eine Wiedergeburt und damit eine neue Chance zu wachsen geboten.

Um uns vom Leid und dem Kreislauf „Geburt und Tod" zu befreien und den „Rückweg" zu Gott anzutreten, ist es notwendig unser Bewusstsein zu erweitern. Die Frage ist nun, wie das geht. Und die Antwort liegt für mich in dem wichtigsten und auch einzigem Gebot, das Jesus Christus uns vor langer Zeit gab: „Liebe deinen Nächsten wie dich selbst." Das ist aber nicht so einfach, wie es zunächst aussieht. Die Voraussetzung, den anderen zu lieben, ist ja die Liebe zu uns selbst. Und da haben wir alle größere Schwierigkeiten. Denn es geht hier nicht um

Narzissmus, sondern um wahre Liebe, und die beinhaltet immer auch herauszufinden, was für uns förderlich ist und danach unser Leben auszurichten. Dabei müssen wir lernen, hinter die Dinge zu schauen, unsere eigenen Motivationen und die der anderen Menschen zu durchschauen und zu verstehen. Das erweitert unser Bewusstsein und bringt uns in die Lage, auch andere zu lieben und zu fördern, letztendlich aber auch dazu, uns und anderen verzeihen zu können.

Jesus Christus lebte vor ungefähr 2000 Jahren auf unserer Erde. Er zeigte uns, wie das menschliche Leben ein vollkommener Ausdruck von Liebe - von göttlicher Liebe - sein kann. Durch seine Lehre ist er uns Vorbild und Führer geworden auf dem Weg aus der Materie, zurück zu Gott, zu seinem und unserem Vater. Er wurde unser Erlöser durch sein Leben und durch seinen Tod, den er überwunden hat.

In unseren Nöten glauben wir uns allein und von Gott verlassen. Aber Er war und ist immer für uns da und wird es auch in Zukunft sein. Gott ist ewig, und wenn wir sein Vorhandensein nicht spüren, liegt das nicht an Gott, sondern an uns, weil wir Ihn aus unserem Leben ausgeschlossen haben. Wir dürfen uns Ihm wieder im Namen Christi im Gebet, in unseren Gedanken voll Vertrauen zuwenden und uns seiner Gegenwart bewusst werden.

Von Angesicht zu Angesicht können wir Gott nicht sehen oder hören, aber Er spricht und zeigt sich uns durch seine ganze Schöpfung und deshalb auch durch unsere Mitmenschen, durch Worte und Taten. Jeder Mensch, der uns begegnet, hat uns irgend etwas zu sagen, denn jeder ist Gottes Kind. Und wenn wir lernen zuzuhören, finden wir oft Klarheit in einer verworrenen Situation, manchmal nur durch einen Satz oder ein Wort. Plötzlich sehen wir die Lösung für ein schon lange quälendes Problem vor uns. Und der, der uns das gesuchte Wort gesagt hat, ahnt meist nichts davon.

Gott will uns führen und uns schrittweise den Weg nach Hause in sein Reich zeigen, denn tief in unserem Inneren gilt all unsere Sehnsucht nur Ihm. Dieser Weg zurück zu Ihm aber ist ein Weg der Entwicklung, der Vervollkommnung, ein Aufstieg zu höherem Wissen und höherer Bewusstheit.

Höheres Wissen erhalten wir nur durch Lernen aus Erfahrungen, nicht durch Auswendiglernen. Eine Mutter kann ihrem Kind Hunderte von Malen sagen: „Vorsicht, heiß!". Das Kind wird erst dann wissen, was heiß ist, warum es nicht hinfassen soll, wenn es sich einmal die Finger verbrannt hat. Hat es aus dieser Erfahrung jedoch nichts gelernt, wird es sich wieder verbrennen und die schmerzliche Erfahrung so lange wiederholen, bis es daraus die Konsequenzen ziehen kann.

Durch Unwissenheit schaffen wir uns selbst unsere Probleme. Als Kinder haben wir unsere Eltern und unseren Schutzengel, um überhaupt diese Zeit des Spielens und Träumens zu überleben. Und wir lernen aus dem, was die Erwachsenen uns vorleben. Wir übernehmen deren Gebaren, Verhaltensweisen und Meinungen, aber auch deren Ängste. Kurz gesagt, wir schreiben unsere eigenen Lebens- oder auch Überlebensprogramme, nach denen wir dann handeln, nach dem Vorbild der Eltern und den Menschen unserer engeren Umgebung: Wir übernehmen ihre Weltanschauung. Diese kann uns fördern, aber auch einengen und uns sogar schaden. Die oft wiederholten Sprichwörter in einer Familie spiegeln diese Anschauungen sehr anschaulich wieder und werden durch stete Wiederholungen auch zu unseren Lebensprogrammen. Und im Laufe der Zeit kommen wir genau dadurch in Freud und Leid und immer wieder in die gleichen Situationen.

Aber erst, wenn wir erkennen, dass ein Problem, welches wir mit anderen Menschen haben, immer auch etwas mit uns selbst zu tun hat, können wir es als zu uns gehörig betrachten. Und dadurch werden wir handlungsfähig, was nicht möglich ist, solange die Schuld (für uns) nur beim anderen liegt. Wir hören auf, Opfer zu sein. Wir müssen anfangen, die Situation, in der wir uns befinden, genau anzuschauen, sie zu analysieren und zu durchschauen. Dann werden wir Möglichkeiten finden, uns und unser Verhalten und auch unsere Einstellung zum Problem zu ändern. Wir können so einen festgefahrenen Standpunkt verlassen und haben damit bessere Aussichten, Lösungen zu finden. Hören wir auf, darauf zu warten, dass ein anderer sich verändert, damit wir uns wieder gut fühlen, haben wir viel gewonnen. Durch diese Arbeit an uns sammeln wir Wissen und Erfahrungen und kommen zu Erkenntnissen, die unseren Horizont erweitern und den Teufelskreis durchbrechen, immer wieder die gleichen Programme zu wiederholen. Und genau das bringt uns auf der „Himmelsleiter" weiter nach oben, bringt uns Gott wieder näher.

Gott sei Dank brauchen wir nicht alles „aufessen, was wir uns selber eingebrockt haben". Immer wieder greift Gott in unser Leben ein und erspart uns manches Schwere durch seine Gnade. Engel eilen uns zu Hilfe und Wunder geschehen, auch wenn wir sie meist nicht wahrnehmen.

Gott spricht auch durch unsere Träume und unsere geheimsten Wünsche zu uns. Wünsche, große oder kleine, die in unser Bewusstsein steigen, drängen nach Erfüllung und zwingen uns so auf einen Weg, auf dem wir genau die richtigen Erfahrungen machen können. So werden wir durch sie zum Handeln gezwungen. Wir werden kreativ und fangen an - wenn es dafür notwendig ist - unsere Talente zu entwickeln. Und solange wir überzeugt sind, dass unser Wunsch sich auch erfüllt, sind wir auf dem richtigen Weg. Fangen wir jedoch an zu zweifeln, weil alles nicht so schnell vorangeht, wie wir es uns vorstellen, werden wir versuchen, in den Ablauf der göttlichen Gesetze einzugreifen. So erreichen wir aber unser Ziel nicht. Wir bleiben auf halber Strecke stehen, weil unsere Kraft allein nicht ausreicht. Wir sollten vertrauen, denn alles erfüllt sich zur richtigen Zeit und am richtigen Ort. Wir müssen nur warten können.

Wenn Gott durch Träume zu uns spricht und uns zu helfen und zu führen versucht, müssen wir sie zu deuten wissen. Die Sprache des Traumes ist das Symbol. Wir sollten anfangen, auf unsere Träume zu achten und die Symbole verstehen zu lernen.

Beginnen wir unser Leben bewusster zu gestalten, so ist der erste Schritt nicht in der Zukunft zu machen, sondern in der Gegenwart. Immer liegt das, was zu tun ist und damit die Chance, uns weiterzuentwickeln, direkt vor unseren Füßen. Manchen Menschen ist das jedoch zu nah, sie schauen darüber hinweg und stolpern. Da, wo wir sind, sind wir immer richtig für unser Wachsen!

Wir sind auf dieser Lebensreise wirklich nicht allein. Wenn wir „Augen haben zu sehen" und „Ohren zu hören", wie uns Jesus Christus darauf aufmerksam gemacht hat, können wir überall Zeichen der Führung finden. Einen lauten Donnerschlag, der uns auf den richtigen Weg zu bringen versucht, wird es nur dann geben, wenn wir absolut nicht hören wollen.

Eine andere Möglichkeit der Führung können wir in unseren Märchen finden. Im Laufe der Zeit erkannten die durch ihre Entwicklung immer bewusster gewordenen Menschen, dass sich Situationen und Persönlichkeitstypen mit ihren ganz bestimmten Reaktionen wiederholten. Sie erahnten hinter dem Ablauf eines Lebens ein unausweichliches Schicksal und ein verborgenes Muster. Da waren Frauen und Männer, die zugrunde gingen an ihrer problemgeladenen Familienkonstellation und den von außen kommenden Schlägen. Aber da gab es auch immer wieder welche, die sich aus scheinbar unüberwindlichen Schwierigkeiten retteten, indem sie sich charakterlich veränderten. Sie erstarkten und entzogen sich so einem aussichtslosen, schweren Schicksal. Da das jedoch nur Einzelnen gelang und die Veränderung im Verborgenen stattfand, vermutete man Hilfe von Feen, Zwergen usw., also Wesen aus einem unsichtbaren Reich; oder aber Hilfe von Gott.

Die Menschen erzählten sich diese wundersamen Geschichten, um in schlimmen Zeiten die Hoffnung auf Besserung nicht aufgeben zu müssen. Aus Erfahrung wussten sie, dass es immer wieder Auswege aus der Misere gibt, man muss sie nur finden. Und die Zuversicht, eine Wende herbeiführen zu können, hielt die Leidenden und Verzweifelten am Leben und gab ihnen die Kraft zum Durchhalten. Die Geschichten, die vordergründig so unglaublich waren und die man nur mit dem Herzen erfassen konnte, aber nicht wirklich mit dem Verstand, wurden Märchen genannt. Selten konnte man sie selbst erleben, aber man fand Erleichterung durch das Erzählen und das Hören und sammelte dabei Kraft in der eigenen Not. Und man wusste ganz genau: vor langer, langer Zeit, da ist es einmal geschehen.

Die Entwicklung auf der Erde ging weiter, und die immer verstandesbetonter agierenden Erwachsenen hörten auf, sich Märchen zu erzählen. Die einzigen, die lange Zeit noch in den Genuss dieser kraftbringenden Schilderungen kamen, waren die Kinder. Und die meisten Kinder haben heute, trotz unserer schnelllebigen und technisierten Welt, noch ein Lieblingsmärchen, das sie immer wieder hören wollen. Denn ganz tief drinnen in ihren Herzen wissen sie, dass hier ihre eigene Problematik und deren Lösung geschildert wird.

Auch aufmerksame Erwachsene erkennen sich manchmal in einem Aspekt ihres Lebens in der Rolle einer Märchenfigur wieder. Dann erinnern sie sich an ihr Lieblingsmärchen. Gelingt es ihnen dann noch, das Märchen zu deuten, zeigt es nicht nur die Problematik und deren Entstehen, sondern auch deren Lösung und gibt damit den Anstoß zur Weiterentwicklung ihrer Persönlichkeit.

Märchen stellen fest und vermitteln scheinbar nur Fakten. Durch die Verwendung von Symbolen aber wirken sie faszinierend auf uns und regen unsere Phantasie an. Sie bieten Raum, unsere persönliche Geschichte einzuweben. Und dann gilt es das, was zwischen den Zeilen steht und sich ungesagt hinter den Symbolen verbirgt, zu erahnen, auszufüllen und zu verstehen.

Aschenputtel
der Brüder Grimm

Einem reichen Manne, dem wurde seine Frau krank, und als sie fühlte, daß ihr Ende herankam, rief sie ihr einziges Töchterlein zu sich ans Bett und sprach „Liebes Kind, bleibe fromm und gut, so wird dir der liebe Gott immer beistehen, und ich will vom Himmel auf dich herabblicken, und will um dich sein." Darauf tat sie die Augen zu und verschied. Das Mädchen ging jeden Tag hinaus zu dem Grabe der Mutter und weinte, und blieb fromm und gut. Als der Winter kam, deckte der Schnee ein weißes Tüchlein auf das Grab, und als die Sonne im Frühjahr es wieder herabgezogen hatte, nahm sich der Mann eine andere Frau.

Die Frau hatte zwei Töchter mit ins Haus gebracht, die schön und weiß von Angesicht waren, aber garstig und schwarz von Herzen. Da ging eine schlimme Zeit für das arme Stiefkind an. „Soll die dumme Gans bei uns in der Stube sitzen!", sprachen sie, „Wer Brot essen will, muß es verdienen: hinaus mit der Küchenmagd.". Sie nahmen ihm seine schönen Kleider weg, zogen ihm einen grauen alten Kittel an, und gaben ihm hölzerne Schuhe. „Seht einmal die stolze Prinzessin, wie sie geputzt ist!", riefen sie, lachten und führten es in die Küche. Da mußte es von Morgen bis Abend schwere Arbeit tun, früh vor Tag aufstehn, Wasser tragen, Feuer anmachen, kochen und waschen. Obendrein taten ihm die Schwestern alles ersinnliche Herzeleid an, verspotteten es und schütteten ihm die Erbsen und Linsen in die Asche, so daß es sitzen und sie wieder auslesen mußte. Abends, wenn es sich müde gearbeitet hatte, kam es in kein Bett, sondern mußte sich neben den Herd in die Asche legen. Und weil es darum immer staubig und schmutzig aussah, nannten sie es Aschenputtel.

Es trug sich zu, daß der Vater einmal in die Messe ziehen wollte, da fragte er die beiden Stieftöchter, was er ihnen mitbringen sollte. „Schöne Kleider", sagte die eine, „Perlen und Edelsteine" die zweite. „Aber du, Aschenputtel", sprach er, „was willst du haben?" „Vater, das erste Reis, das Euch auf Eurem Heimweg an den Hut stößt, das brecht für mich ab." Er kaufte nun für die beiden Stiefschwestern schöne Kleider, Perlen und Edelsteine, und auf dem Rückweg, als er durch einen grünen Busch ritt, streifte ihn ein Haselreis und stieß ihm den Hut ab. Da brach er das Reis ab und nahm es mit. Als er nach Haus kam, gab er den Stieftöchtern, was sie sich gewünscht hatten, und dem Aschenputtel gab er das Reis von dem Haselbusch. Aschenputtel dankte ihm, ging zu seiner Mutter Grab und pflanzte das Reis darauf und weinte so sehr, daß die Tränen darauf niederfielen und es begossen. Es wuchs aber und ward ein schöner Baum. Aschenputtel ging alle Tage dreimal darunter, weinte und betete, und allemal kam ein weißes Vöglein auf den Baum, und wenn es einen Wunsch aussprach, so warf ihm das Vöglein herab, was es sich gewünscht hatte.

Es begab sich aber, daß der König ein Fest anstellte, das drei Tage dauern sollte, und wozu alle schönen Jungfrauen im Lande eingeladen wurden, damit sich sein Sohn eine Braut aussuchen möchte. Die zwei Stiefschwestern, als sie hörten, daß sie auch dabei erscheinen sollten, waren guter Dinge, riefen Aschenputtel und sprachen: „Kämm uns die Haare, bürste uns die Schuhe und mache uns die Schnallen fest, wir gehen zur Hochzeit auf des Königs Schloß." Aschenputtel gehorchte, weinte aber, weil es auch gern zum Tanz mitgegangen wäre, und bat die Stiefmutter, sie möchte es ihm erlauben. „Du, Aschenputtel", sprach sie, „bist voll Staub und Schmutz, und willst zur Hochzeit? Du hast keine Kleider und Schuhe und willst tanzen!" Als es aber mit Bitten anhielt, sprach sie endlich: „Da habe ich dir eine Schüssel Linsen in die Asche geschüttet, wenn du die Linsen in zwei Stunden wieder ausgelesen hast, so sollst du mitgehen." Das Mädchen ging durch die Hintertür nach dem Garten und rief: „Ihr zahmen Täubchen, ihr Turteltäubchen, all ihr Vöglein unter dem Himmel, kommt und helft mir lesen,
die guten ins Töpfchen,
die schlechten ins Kröpfchen."

Da kamen zum Küchenfenster zwei weiße Täubchen herein und danach die Turteltäubchen, und endlich schwirrten und schwärmten alle Vöglein unter dem Himmel herein und ließen sich um die Asche nieder. Und die Täubchen nickten mit den Köpfchen und fingen an pick, pick, pick, pick, und da fingen die übrigen auch an pick, pick, pick, pick und lasen alle guten

Körnlein in die Schüssel. Kaum war eine Stunde herum, so waren sie schon fertig und flogen alle wieder hinaus. Da brachte das Mädchen die Schüssel der Stiefmutter, freute sich und glaubte, es dürfte nun mit auf die Hochzeit gehen.

Aber sie sprach: „Nein, Aschenputtel, du hast keine Kleider, und kannst nicht tanzen: du wirst nur ausgelacht." Als es nun weinte, sprach sie: „Wenn du mir zwei Schüsseln voll Linsen in einer Stunde aus der Asche rein lesen kannst, so sollst du mitgehen", und dachte: „Das kann es ja nimmermehr." Als sie die zwei Schüsseln Linsen in die Asche geschüttet hatte, ging das Mädchen durch die Hintertür nach dem Garten und rief: „Ihr zahmen Täubchen, ihr Turteltäubchen, all ihr Vöglein unter dem Himmel, kommt und helft mit lesen,

die guten ins Töpfchen,

die schlechten ins Kröpfchen."

Da kamen zum Küchenfenster zwei weiße Täubchen herein und danach die Turteltäubchen, und endlich schwirrten und schwärmten alle Vöglein unter dem Himmel herein und ließen sich um die Asche nieder. Und die Täubchen nickten mit ihren Köpfchen und fingen an pick, pick, pick, pick, und da fingen die übrigen auch an pick, pick, pick, pick und lasen alle guten Körner in die Schüsseln. Und eh eine halbe Stunde herum war, waren sie schon fertig, und flogen alle wieder hinaus. Da trug das Mädchen die Schüsseln zu der Stiefmutter, freute sich und glaubte, nun dürfte es mit auf die Hochzeit gehen. Aber sie sprach: „Es hilft dir alles nichts: du kommst nicht mit, denn du hast keine Kleider und kannst nicht tanzen; wir müßten uns deiner schämen." Darauf kehrte sie ihm den Rücken zu und eilte mit ihren zwei stolzen Töchtern fort.

Als nun niemand mehr daheim war, ging Aschenputtel zu seiner Mutter Grab unter den Haselbaum und rief:

„Bäumchen, rüttel dich und schüttel dich,

wirf Gold und Silber über mich."

Da warf ihm der Vogel ein golden und silbern Kleid herunter und mit Seide und Silber ausgestickte Pantoffeln. In aller Eile zog es das Kleid an und ging zur Hochzeit. Seine Schwestern aber und die Stiefmutter kannten es nicht und meinten, es müßte eine fremde Königstochter sein, so schön sah es in dem goldenen Kleide aus. An Aschenputtel dachten sie gar nicht und dachten, es säße daheim im Schmutz und suchte die Linsen aus der Asche. Der Königssohn kam ihm entgegen, nahm es bei der Hand und tanzte mit ihm. Er wollte auch mit sonst niemand tanzen, also daß er ihm die Hand nicht losließ, und wenn ein anderer kam, es aufzufordern, sprach er: „Das ist meine Tänzerin."

Es tanzte, bis es Abend war, da wollte es nach Haus gehen. Der Königssohn aber sprach: „Ich gehe mit und begleite dich", denn er wollte sehen, wem das schöne Mädchen angehörte. Sie entwischte ihm aber und sprang in das Taubenhaus. Nun wartete der Königssohn, bis der Vater kam, und sagte ihm, das fremde Mädchen wär in das Taubenhaus gesprungen. Der Alte dachte: „Sollte es Aschenputtel sein", und sie mußten ihm Axt und Hacken bringen, damit er das Taubenhaus entzweischlagen konnte; aber es war niemand darin. Und als sie ins Haus kamen, lag Aschenputtel in seinen schmutzigen Kleidern in der Asche, und ein trübes Öllämpchen brannte im Schornstein, denn Aschenputtel war geschwind aus dem Taubenhaus hinten herabgesprungen und war zu dem Haselbäumchen gelaufen: da hatte es die schönen Kleider abgezogen und aufs Grab gelegt, und der Vogel hatte sie wieder weggenommen, und dann hatte es sich in seinem grauen Kittelchen in die Küche zur Asche gesetzt.

Am andern Tag, als das Fest von neuem anhub und die Eltern und Stiefschwestern wieder fort waren, ging Aschenputtel zu dem Haselbaum und sprach:
„Bäumchen, rüttel dich und schüttel dich,
wirf Gold und Silber über mich."

Da warf der Vogel ein noch viel stolzeres Kleid herab als am vorigen Tag. Und als es mit diesem Kleide auf der Hochzeit erschien, erstaunte jedermann über seine Schönheit. Der Königssohn aber hatte gewartet, bis es kam, nahm es gleich bei der Hand und tanzte nur allein mit ihm. Wenn die andern kamen und es aufforderten, sprach er: „Das ist meine Tänzerin." Als es nun Abend war, wollte es fort, und der Königssohn ging ihm nach und wollte sehen, in welches Haus es ging: aber es sprang ihm fort und in den Garten hinter dem Haus. Darin stand ein schöner großer Baum, an dem die herrlichsten Birnen hingen, es kletterte so behend wie ein Eichhörnchen zwischen die Äste, und der Königssohn wußte nicht, wo es hingekommen war. Er wartete aber, bis der Vater kam, und sprach zu ihm: „Das fremde Mädchen ist mir entwischt, und ich glaube, es ist auf den Birnbaum gesprungen." Der Vater dachte: „Sollte es Aschenputtel sein", ließ sich die Axt holen und hieb den Baum um, aber es war niemand darauf. Und als sie in die Küche kamen, lag Aschenputtel da in der Asche, wie sonst auch, denn es war auf der andern Seite vom Baum herabgesprungen, hatte dem Vogel auf dem Haselbäumchen die schönen Kleider wiedergebracht und sein graues Kittelchen angezogen.

Am dritten Tag, als die Eltern und Schwestern fort waren, ging Aschenputtel wieder zu seiner Mutter Grab und sprach zu dem Bäumchen:

„Bäumchen, rüttel dich und schüttel dich,
wirf Gold und Silber über mich."

Nun warf ihm der Vogel ein Kleid herab, das war so prächtig und glänzend, wie es noch keins gehabt hatte, und die Pantoffeln waren ganz golden. Als es in dem Kleid zu der Hochzeit kam, wußten sie alle nicht, was sie vor Verwunderung sagen sollten. Der Königssohn tanzte ganz allein mit ihm, und wenn es einer aufforderte, sprach er: „Das ist meine Tänzerin."
Als es nun Abend war, wollte Aschenputtel fort, und der Königssohn wollte es begleiten, aber es entsprang ihm so geschwind, daß er nicht folgen konnte. Der Königssohn hatte aber eine List gebraucht und hatte die ganze Treppe mit Pech bestreichen lassen: da war, als es hinabsprang, der linke Pantoffel des Mädchens hängen geblieben. Der Königssohn hob ihn auf, und er war klein und zierlich und ganz golden. Am nächsten Morgen ging er damit zu dem Mann und sagte zu ihm: „Keine andere soll meine Gemahlin werden als die, an deren Fuß dieser goldene Schuh paßt." Da freuten sich die beiden Schwestern, denn sie hatten schöne Füße. Die Älteste ging mit dem Schuh in die Kammer und wollte ihn anprobieren, und die Mutter stand dabei. Aber sie konnte mit der großen Zehe nicht hineinkommen, und der Schuh war ihr zu klein, da reichte ihr die Mutter

ein Messer und sprach: „Hau die Zehe ab: wann du Königin bist, so brauchst du nicht mehr zu Fuß zu gehen." Das Mädchen hieb die Zehe ab, zwängte den Fuß in den Schuh, verbiß den Schmerz und ging heraus zum Königssohn. Da nahm er sie als seine Braut aufs Pferd und ritt mit ihr fort. Sie mußten aber an dem Grabe vorbei, da saßen die zwei Täubchen auf dem Haselbäumchen und riefen:
„Rucke di guck, rucke di guck,
Blut ist im Schuck (Schuh):
der Schuck ist zu klein,
die rechte Braut sitzt noch daheim."

Da blickte er auf ihren Fuß und sah, wie das Blut herausquoll. Er wendete sein Pferd um, brachte die falsche Braut wieder nach Hause und sagte, das wäre nicht die rechte, die andere Schwester sollte den Schuh anziehen. Da ging diese in die Kammer und kam mit den Zehen glücklich in den Schuh, aber die Ferse war zu groß. Da reichte ihr die Mutter ein Messer und sprach: „Hau ein Stück von der Ferse ab: wann du Königin bist, brauchst du nicht mehr zu Fuß zu gehen." Das Mädchen hieb ein Stück von der Ferse ab, zwängte den Fuß in den Schuh, verbiß den Schmerz und ging heraus zum Königssohn. Da nahm er sie als seine Braut aufs Pferd und ritt mit ihr fort. Als sie an dem Haselbäumchen vorbeikamen, saßen die zwei Täubchen darauf und riefen:
„Rucke di guck, rucke di guck,
Blut ist im Schuck:
der Schuck ist zu klein,
die rechte Braut sitzt noch daheim."

Er blickte nieder auf ihren Fuß und sah, wie das Blut aus dem Schuh quoll und an den weißen Strümpfen ganz rot heraufgestiegen war. Da wendete er sein Pferd und brachte die falsche Braut wieder nach Haus. „Das ist auch nicht die rechte", sprach er, „habt ihr keine andere Tochter?" „Nein", sagte der Mann, „nur von meiner verstorbenen Frau ist noch ein kleines verbuttetes Aschenputtel da: das kann unmöglich die Braut sein." Der Königssohn sprach, er sollte es heraufschicken, die Mutter aber antwortete: „Ach nein, das ist viel zu schmutzig, das darf sich nicht sehen lassen." Er wollte es aber durchaus haben, und Aschenputtel mußte gerufen werden. Da wusch es sich erst Hände und Angesicht rein, ging dann hin und neigte sich vor dem Königssohn, der ihm den goldenen Schuh reichte. Dann setzte es sich auf einen Schemel, zog den Fuß aus dem schweren Holzschuh und steckte ihn in den Pantoffel, der war wie angegossen. Und als es sich in die Höhe richtete und der König ihm ins Gesicht sah, so erkannte er das schöne Mädchen, das mit ihm getanzt hatte, und rief: „Das ist die rechte Braut." Die Stiefmutter und die beiden Schwestern erschraken und wurden bleich vor Ärger: er aber nahm Aschenputtel aufs Pferd und ritt mit ihm fort. Als sie an dem Haselbäumchen vorbeikamen, riefen die zwei weißen Täubchen:

„Rucke di guck, rucke di guck
kein Blut im Schuck:
der Schuck ist nicht zu klein,
die rechte Braut, die führt er heim."

Und als sie das gerufen hatten, kamen sie beide herabgeflogen und setzten sich dem Aschenputtel auf die Schultern, eine rechts, die andere links, und blieben da sitzen.

Als die Hochzeit mit dem Königssohn sollte gehalten werden, kamen die falschen Schwestern, wollten sich einschmeicheln und teil an seinem Glück nehmen. Als die Brautleute nun zur Kirche gingen, war die Älteste zur rechten, die Jüngste zur linken Seite: da pickten die Tauben einer jeden das eine Auge aus. Hernach, als sie herausgingen, war die Älteste zur linken und die Jüngste zur rechten: da pickten die Tauben einer jeden das andere Auge aus. Und waren sie also für ihre Bosheit und Falschheit mit Blindheit auf ihr Lebtag bestraft.

I
Die Mutter und ihre Verwandlung

Einem reichen Manne, dem wurde seine Frau krank, und als sie fühlte, daß ihr Ende herankam, rief sie ihr einziges Töchterlein zu sich ans Bett und sprach: „Liebes Kind, bleib fromm und gut, so wird dir der liebe Gott immer beistehen, und ich will vom Himmel auf dich herabblicken und will um dich sein." Darauf tat sie die Augen zu und verschied.

Lapidarer und knapper kann man ein tragisches Geschehen kaum schildern. Es liest sich wie die Notiz einer Nachrichtenagentur.

In diesen ersten Sätzen werden wir ohne große Einleitung mit der momentanen Situation der Hauptpersonen bekannt gemacht. Es sind drei Menschen, die als Familie das Drama beginnen: ein Mann, seine Frau und deren einziges Kind. Um aber das spätere Verhalten der „Heldin" im Aschenputtel-Märchen verstehen zu können, muss man sich diesen Einstieg in die Handlung sehr genau anschauen. Denn darin entwickelt sich erst einmal die ganze Misere, ohne die es allerdings auch nicht den versöhnenden, wunderbaren Schluss geben kann. Wir werden sehen, ein „Aschenputtel" kann sich nur in einer ganz bestimmten Familienkonstellation und der prägenden Vergangenheit der einzelnen Mitglieder entwickeln.

Verdächtiges zeigt sich gleich im ersten Satz, denn es heißt nicht einfach: „Frau X ist gestorben." Nein, die Frau ist nicht einfach gestorben, sie wird in Beziehung gesetzt zu ihrem Mann, sie ist „ihm" gestorben, und sie wird charakterisiert durch ihr Vermächtnis an ihre Tochter. Und der Mann, dessen Frau krank wird, wird als „reich" beschrieben. Ihm „fehlt" also scheinbar nichts, im Gegensatz zu seiner Frau. Er ist „gesund", und nicht nur in materieller Hinsicht. Da „ihm" aber die Frau krank wird, was voraussetzt, dass sie vorher gesund war, muss ihre Krankheit direkt oder indirekt auch etwas mit ihm zu tun haben. Durch die Eheschließung und durch das Zusammenleben der beiden ist der weibliche Teil des Paares offensichtlich in eine Lage gekommen, die ihm nicht zuträglich ist. Will man den Gedanken weiterführen, könnte man sagen, da der Frau in dieser Ehe etwas „fehlt", muss der Mann ihr etwas vorenthalten haben, was sie für ein gesundes Dasein gebraucht hätte. So viel zu den berichteten Fakten.

Um aber zu einem kompletten Szenario zu kommen, interpretiere ich die Zeilen nach meiner Vorstellung und Phantasie.

Wie bereits erwähnt, geht es in dieser Märchensequenz hauptsächlich um die Bedürfnisse und die Erwartungen der Ehefrau an ihren Mann, die aber nicht erfüllt werden. Das Leben als verheiratete Frau in ihrer neuen Familie macht sie offensichtlich krank. Wer außer der Tochter noch zu dieser Familie gehört, scheint für das Drama erst einmal unwichtig. Das Märchen zeigt nur die zur Zeit entscheidenden Gestalten. Es steht also fest: Diese Frau hat alleine nicht die Kraft und Eignung, die ihr zustehende Rolle innerhalb ihrer Gruppe auszufüllen, sie positiv zu gestalten und dadurch gesund zu bleiben.

In Aschenputtels Mutter sehe ich eine Frau, vielleicht kreativ und künstlerisch, auf jeden Fall freundlich und mit zartem Wesen. Durch die Liebe zu einem Mann und nachfolgender Heirat kommt sie in eine Situation, für die sie aber gänzlich ungeeignet ist. Für sie, die möglicherweise aus Umständen kam, in denen sie nie gelernt hat, was für sie als Hausfrau jetzt nützlich wäre, ist der Tag nun mit Aufgaben gefüllt, auf die sie nicht vorbereitet ist. Aber wie viele junge Frauen glaubt auch sie, dass man alles lernen kann, wenn man das will und wenn man liebt. Und dies ist sicher richtig. Vielleicht hat sie aber auch von ihrem Naturell her in dieser Hinsicht gar keine großen Ambitionen. Gibt es dann allerdings über einen längeren Zeitraum keine Möglichkeit mehr für sie, das zu tun, was ihrem Wesen wirklich entspricht, keine Stunden mehr für sie allein und ihren Selbstausdruck, dann ist ein Scheitern vorprogrammiert. Eine Weile wird es sicher gut gehen, aber irgendwann ist Schluss.

Ein Hauptprogramm ihres Lebens scheint zu sein, ein „gutes und frommes Leben" zu führen, was sehr nach Wohnen hinter geschützten Klostermauern klingt. Denn genau das ist es, was sie ihrer Tochter noch im Angesicht des Todes ans Herz legt. Wahrscheinlich hat auch sie diesen Satz vor vielen Jahren von ihrer Mutter eingeprägt bekommen. Und genau dieses Programm wird sie dahin geführt haben, wo sie nun steht, vor dem Aus ihrer bisherigen Existenz.

Das Leben, die Familie und die Gemeinschaft, zu der sie nun gehört, ist nicht nur immer nett und freundlich zu ihr. Sie ist von den verschiedensten Menschen umgeben, und die haben und machen Fehler und sind nicht blind für die ihren. Vielleicht zeigen sie für ihre Ambitionen und auch mal für Müßiggang durchaus Verständnis, haben dafür aber keinen Platz und keine Zeit. Wahrscheinlich ist Zupacken angesagt, was dieser Frau aber wohl weniger liegt, wie wir aus dem Fortgang des Märchens sehen. Und so wird sie immer wieder mit für sie unliebsamen Situationen konfrontiert, die ihr dann Probleme bereiten. Denn um mit reinem Gewissen dazustehen, müsste sie immer alles tun, was die anderen von ihr verlangen. Kein Mensch hält das aber auf die Dauer aus. Setzt sie sich allerdings für ihre eigenen Bedürfnisse ein, stehen die der anderen dagegen. Und es läuft dann doch wieder darauf hinaus, dass sie tut, was die anderen wollen. So baut sich nach und nach immer mehr innerer Druck und Spannung auf, und irgendwann steckt sie in einem Dauerkonflikt. Doch was tut man dagegen, wenn man immer gut und fromm sein muss? – Nichts! Sie kann nur passiv bleiben und leiden. Und entstehender Ärger und Wut müssen verdrängt werden.

Als ein Kind, das gut und fromm zu sein hatte, durfte sie im Trotzalter oder in der Pubertät, einer Zeit, in der die Ich-Entwicklung und Ich-Erstarkung stattfindet, sicher nicht ungestraft ihre Grenzen austesten. Und einmal einen Machtkampf mit den Eltern zu gewinnen, wird auch unmöglich gewesen sein. Sie wurde eher gezwungen zu lernen, dass es Ge- und Verbote gibt, die von Autoritäten gemacht und auch kontrolliert werden. Fazit: Will man nicht bestraft werden, muss man sich einfach fügen.

Der erwachsenen Frau fehlt daher die zupackende Seite, um mit der Realität fertig zu werden. Es fehlt ihr der Mut, einmal auf den Tisch zu hauen. Im Hinterkopf sitzt die Angst vor der Strafe. Außerdem ist sie ja dann auch nicht mehr gut. Auf den Tisch hauen, auch mal laut werden und streiten, das machen die anderen, die Bösen. Dadurch bleibt sie die Gute und Brave, wird aber immer wieder mit denen konfrontiert, die sich nehmen, was sie wollen, die sich nichts gefallen lassen, die fordern und von ihr verlangen. Das gefällt ihr nicht, aber sie kann dem auch nichts entgegensetzen.

Bald kommt sie jedoch durch ihr Verhalten nicht nur in innere, sondern auch in äußere, immer größer werdende Schwierigkeiten. Und da sie eben nicht fähig ist, Konflikte zu lösen, bricht sie unter der Last unbewältigter Probleme zusammen und wird krank. Denn Unannehmlichkeiten lösen sich nur selten von selbst auf und schon gar nicht so, wie sie es gerne hätte. Und da sie nichts tut, nicht angreift, meint sie die Brave zu bleiben. Die anderen sehen das aber leider anders. Auf irgendeiner Ebene aber muss sie kämpfen, denn auch die Wut und der Ärger in ihr lösen sich nicht von alleine in Luft auf. Und so findet der Kampf, den sie in der Außenwelt nicht zu führen wagt, in ihrem Inneren statt, bis er schließlich sichtbar auf der materiellen Ebene wird, nämlich als Krankheit in ihrem Körper.

Über ihren Mann erfahren wir in diesem Kapitel, dass er reich ist, seine Frau jedoch verliert und dass er eine Tochter hat. Ich stelle ihn mir als einen eher nüchternen Geschäftsmann vor, denn von irgendwelchen Gefühlen ist im Märchen nie die Rede. In einem späteren Kapitel „zieht er in die Messe" und ich gehe davon aus, dass dies kein einmaliger Vorgang ist. Für seine Frau bedeutet dies aber, dass sie immer wieder und lange Zeit ohne seine, das heißt männliche Unterstützung auskommen muss. Er glänzt mit Abwesenheit und ist ihr keine Hilfe.

Dieser Mann hat eine gute und fromme Frau geheiratet. Er ist damit zufrieden, man hört nichts Gegenteiliges. Allerdings erkennt er nicht, dass seine Frau, so wie sie ist, nicht besonders lebenstüchtig sein kann. Er weiß nicht, dass sich durchsetzen zu müssen, vielleicht sogar im Streit, aus ihrer Sicht böse ist und ihr daher Angst macht und sie deshalb Auseinandersetzungen aus dem Weg geht. Über dieses Problem macht er sich lieber keine Gedanken, sonst müsste er eingreifen und vielleicht etwas an seinem Lebensstil verändern.

Man kann aber davon ausgehen, dass es für die Mutter seiner Frau, also eine Generation früher, wichtig war, ein niedliches und anpassungsfähiges Töchterlein heranwachsen zu sehen, das später einmal eine gute Ehefrau und Mutter wird. So wie es vordem auch für sie von ihrer Mutter, wieder eine Generation früher, vorgesehen war. Dabei war es selbstverständlich, dass sich eine Frau ihrem Mann anpasst und ihm dient. Es kann ihr daher nicht erlaubt sein, sich durchzusetzen und schon gar nicht eigene Anlagen zu leben und Bedürfnisse zu befriedigen. Wo kämen wir denn da hin! Sie konnte es schließlich auch nicht!

Während die Mädchen in einer Puppenküche als zukünftige Hausfrauen agierten, geduldig schwere Puppenwagen vor sich her schoben und vielleicht die ersten romantischen Gedanken hegten, erprobten sich die Jungs mit den anderen zukünftigen Ehemännern spielerisch im Kampf und suchten Abenteuer. Sie konnten nur verächtlich auf die kindischen Spiele ihrer zukünftigen Weibchen gucken. Innerhalb der Gruppe der Spielkameraden lernten sie sich aber durchzusetzen und mutig zu sein. Lautstark machten sie ihrem Ärger Luft und stampften vor Wut mit ihren Füßen. „Nun, es sind halt Buben!" schmunzelten die stolzen Mütter. Und wenn sie von einem ausgetragenen Streit mit Gebalge mit einer blutenden Nase nach Hause kamen, wurden sie nicht wirklich ausgeschimpft: Man lächelte hinter vorgehaltener Hand. Und waren sie trotzig und fanden Widerworte, dann sah man dahinter eher ihre zukünftige Stärke als Männer, die sich nichts gefallen lassen. Anpassung war hier nicht gefragt.

Den Mädchen aber waren derartige Auseinandersetzungen verboten, die Rollen klar definiert, die Erziehung eindeutig. Jetzt als Ehefrau muss das ehemals niedliche, brave Kind aber leidvoll erkennen, dass das Leben die Aufgaben zwischen Mann und Frau nicht so eindeutig verteilt. Wiederholt wird sie, obwohl Frau, herausgefordert. Ihre persönlichen Grenzen werden überschritten und sie müsste auch mal „Nein!" sagen. Aber jetzt, erwachsen und ungeübt, bemerkt sie Überschreitungen zu spät und weiß dann nicht, wie sie reagieren oder sich wehren soll. Sie hat nicht gelernt, sich anderen zu widersetzen, sondern willig und gefügig zu sein und braucht dann viel Zeit, sich vor anderen zu rechtfertigen. Und so lässt sie sich dauernd verletzen. Bei Angriff kämpft sie nicht, sondern flieht oder steckt ihren Kopf in den Sand. Theoretisch kennt sie zwar ihre Rechte, kann sie aber nicht verteidigen und schon gar nicht durchsetzen. Obwohl sie entsetzlich leidet, täuscht sie Anpassung vor. Die Rebellion findet im Verborgenen statt. Und da sie ja „nichts tut", nichts, was für andere sichtbar wäre, liegt die Schuld immer beim anderen, und das macht sie wieder „gut" und befriedigt sie kurzzeitig.

In dieser Situation wäre nun ein Mann wichtig, der sie unterstützt und ihre Schwächen ausgleicht. In für sie problematischen Situationen oder wenn im Alltag von ihr Schritte verlangt werden, die für sie oder andere unangenehme Konsequenzen haben würden, möchte sie diese nicht tun. Sie würde sich lieber hinter ihrem Gatten verstecken. Er soll für sie das „Böse" tun, er soll ihr Ritter sein. Wie ein „Mann" soll er die anderen in ihre Schranken weisen, damit sie in der Rolle „gut und fromm" bleiben kann. Aber er tut es nicht für sie.

Die Aschenputtel-Geschichte gäbe es nicht, wenn der Mann die ihm von der Frau zugedachte Rolle in der Ehe gespielt hätte. Er aber ist mit seinen eigenen Angelegenheiten beschäftigt. Sein Beitrag in dieser Gemeinschaft erfüllt sich aus seinem Verständnis der Rollenverteilung in der Ehe bereits in der materiellen Versorgung der Familie. Er flieht aus der Beziehung und aus einer immer schlechter werdenden Atmosphäre in seinem Haus in die Arbeitswelt. Der Frau fehlt dadurch der dringend benötigte Partner, der ihre eigenen Unzulänglichkeiten ausgleicht und so unbemerkt macht. Er jedoch überlässt seine Frau und später auch seine Tochter ihrem Schicksal. So verliert er seine Partnerin, die ihn einmal liebte. Sie wendet sich innerlich von ihm ab.

Für alle zu sehen wird seine Gemahlin nun krank. Die wirklichen Gründe dafür kann aber niemand erkennen, und so ist echte Hilfe nicht zu erwarten. Und auf dem Krankenbett darf sie nun sein, wie sie wirklich ist: schwach und hilflos einem Leben, das sie so nicht wollte, ausgeliefert. Niemand wird die Situation der Kranken verstehen, aber man wird sie auch nicht verurteilen. Alle Welt wird sie bemitleiden. Sie kann ja nichts dafür, es ist ihr geschehen. So kann sie passiv bleiben und scheinbar ungestraft die Verantwortung für ihr Dasein abgeben, doch ihre eigenen Wünsche an das Leben hat sie dadurch auch aufgegeben. Dies ist kein bewusster, sondern ein unbewusster Prozess.

Entscheidungen werden ihr nun gezwungenermaßen abgenommen, anfallende Arbeit muss auf andere Schultern verteilt werden. Das, was sie nicht tun wollte, braucht sie nun nicht mehr zu tun. Aus ihrer Sicht bleibt sie so frei von Schuld; sie kann die fromme, die gute Mutter bleiben. Da der Ehemann meist abwesend ist und sich daher um seine Frau nicht kümmern kann, wird das einzige Töchterlein zur Stütze und zum Partnerersatz. Und weil dieses Kind von ihr dazu erzogen wurde, gut und fromm zu sein, ist es für sie, trotz ihrer eigenen Hilflosigkeit, ein Leichtes, das Mädchen auch ohne große Worte in diese Rolle zu drängen. Das Kind hat keine Chance sich zu wehren, seine inneren Muster greifen. Selbstverständlich kümmert es sich nun um seine gute Mutter, die „leider" so krank ist. Die Unterstützung ist nicht nur physischer, sondern auch psychischer Art, was auf die Dauer natürlich die Kraft eines kleinen Mädchens übersteigt. Aber es wird den Anforderungen, die gestellt werden, kein „Nein!" entgegensetzen können, genau wie früher seine Mutter. Das Drama der Mutter wiederholt sich nun im Leben der Tochter.

Für ein Kind gibt es wohl nichts Schlimmeres, als mit einer Mutter zusammen zu sein, die krank ist und daher nicht mehr fähig, ihre Rolle zu erfüllen. Schnell kommt es dann dazu, dass diese von der Tochter bemuttert werden muss. Es kommt zum Rollentausch. Die Atmosphäre in der Familie wird durch diese krankhafte Situation vergiftet, das Mädchen übernimmt viel zu früh Pflichten und Verantwortung und fühlt sich von allen allein und im Stich gelassen.

Es lässt uns aufhorchen, wenn uns bewusst wird, in wie vielen Märchen die Mütter nicht lebensfähig sind und sterben. Die Frauen werden krank und können ihrem Kind das, was es für eine gesunde Entwicklung bräuchte, nicht mehr geben. Das Problem wird von einer Generation an die andere weitergegeben.

Zu allem bisher Gesagten kommt im Aschenputtel-Märchen noch der Aspekt der religiösen Mutter hinzu. Bei ihrem Abschied aus dem Leben weist sie das Mädchen noch einmal darauf hin, dass der liebe Gott ihm beistehen wird, so es gut und fromm lebt.

Wir haben es also hier mit einer Frau zu tun, die einer Religionsgemeinschaft angehört und das ungefiltert annimmt, was geistliche Autoritäten sie lehren. Und sie wird versuchen diese Lehre nach ihrem Verständnis auch zu leben. Sie ist kein Freigeist, und so ist sie doppelt gebunden, gesellschaftlich und kirchlich, und daher vielen bewussten und unbewussten Zwängen ausgeliefert. Natürlich wird sie auch ihr Kind in ihrem Glauben erziehen. So gibt sie an ihre Tochter weiter, dass es einen Gott gibt, der ihr immer beistehen wird. Allerdings geht das nicht ohne Bedingungen.

Für sie, die Mutter, jedoch ist es ein Gott weit oben im Himmel, fast unerreichbar und ein sehr männlicher Gott, zu dem sie die vertrauensvolle Beziehung wohl im Laufe der Zeit verloren hat. Für die Tochter allerdings ist dieses Wissen um die Existenz Gottes, wie wir im weiteren Verlauf der Geschichte sehen werden, ein Segen.

„Fromm und gut" zu sein ist bestimmt ein ehrenwertes Lebensmotto, bleibt es jedoch das einzige, wird es nicht hilfreich sein, sondern eher lähmend und sogar zerstörend wirken. So verwandelt sich die Frau durch die Krankheit in einen Menschen, der sie nie sein wollte, und das Mädchen kann in ihr nun nicht mehr ihre ehemals gute Mutter erkennen.

Im Märchen heißt es, sie, die Mutter, tat die Augen zu und verschied. Die gute Mutter zieht sich in den Himmel zurück, von wo sie auf die Tochter herabblicken will. Sie verschwindet in einen Bereich, in dem sie für ihr Kind nicht mehr erreichbar ist.

Ich deute: Durch die Krankheit der Mutter und deren Folgen entschwindet der positive Mutteraspekt aus dem Leben des Mädchens und steht als Hilfe für die Zukunft nicht mehr zur Verfügung: er stirbt. Nach dem Verständnis des kleinen Mädchens kann eine echte Mutter nicht böse sein und somit fühlt es sich auch nicht mehr als deren Kind. Sie lässt die Mutter einfach sterben, um selber zu überleben.

Doch was bleibt nach diesem Verlust? – Es bleibt die „böse" Seite der Mutter mit allen Verhaltensweisen, die man gemeinhin dem Wort „Stiefmutter" zuordnet.

Ich wähle diese Deutung, da das „Aschenputtel-Problem" sehr verbreitet unter Frauen ist, deren Mütter noch leben, und ich erlaube mir deshalb in meiner Interpretation die Mutter nicht körperlich sterben zu lassen, sondern, wie gesagt, nur ihre gute Seite, um dieser Situation Rechnung zu tragen - für alle, die sich in dieser Problematik wiedererkennen. Und ich werde in den weiteren Kapiteln diese Frau sowohl Stiefmutter als auch

Mutter nennen und die Stiefschwestern auch Schwestern, um auszudrücken, dass sie für das zukünftige Aschenputtel beides sind.

II
Das Mädchen wendet sich von der Mutter ab

Das Mädchen ging jeden Tag hinaus zu dem Grabe der Mutter und weinte und blieb fromm und gut. Als der Winter kam, deckte der Schnee ein weißes Tüchlein auf das Grab, und als die Sonne im Frühjahr es wieder herabgezogen hatte, nahm sich der Mann eine andere Frau.

Wie im letzten Kapitel erklärt, kann das Mädchen die geliebte Mutter in der Frau, die es Mutter nennt, nicht mehr finden. Diese scheint ein für alle mal gestorben. Es fühlt sich verlassen und einsam, und im Herzen des Mädchens wird es kalt. In ihm wird es Winter. Es ist nun scheinbar mutterlos und trauert der guten Mutter nach.

Und es bleibt „fromm und gut". Aber mit diesem „fromm und gut"-Programm hat es keine Chance, seine Situation zu verändern. Damit ist es ihm nicht erlaubt, seinen Ärger und seine Wut auszuleben, die durch die Überforderung und die psychische Vergewaltigung durch die Mutter entstanden sind. Es kann sich nicht trotzig gegen diese Vereinnahmung wehren. Statt dessen fühlt es sich ungeliebt. Seine Gefühle versteinern, nur das Gefühl der Angst und der Einsamkeit bleibt. Und bald findet es in der Außenwelt nichts mehr, worüber oder worauf es sich freuen könnte. Die Welt mit ihren vielfältigen Farben, Gerüchen, Geräuschen und Spielen wird farblos, geruchlos und stumm. Das Mädchen nimmt seine Umgebung nur noch verschwommen wahr und zieht sich in sich zurück. Gesagtes verhallt nun in zu weiten Räumen, Kontaktaufnahmen werden wattig und verlaufen unbefriedigend. Nichts ist mehr heimelig, warm und vertraut: Das Kind wird depressiv. Viel zu früh wird es mit den Schwierigkeiten des Lebens konfrontiert. Niemand schützt es.

Der einzige Zufluchtsort, der ihm bleibt, ist das Grab. Und dieses Grab ist ein Platz im Herzen des Mädchens, in dem die schönen Erinnerungen an zärtliche Geborgenheit, an die gute Mutter begraben liegen. Hierher kann es sich zurückziehen, wenn es Trost braucht. In einer gewaltigen Stille und inneren Einsamkeit versucht es zu überleben, versucht es der Grausamkeit der Gegenwart zu entfliehen. Vergeblich beweint es nun seine glückliche Vergangenheit und wünscht, dass die Zeit sich zurückdrehe.

Das Märchen erzählt uns von keinem Ereignis in der Außenwelt, während „der Schnee das Grab bedeckt", während der depressiven Phase des Mädchens. Sicher ist eine Menge geschehen, aber nichts, was für das Mädchen von Bedeutung gewesen wäre, was geholfen hätte, es aus seiner Depression zu befreien. Und es scheint auch kein Mensch zu bemerken, was mit dem Mädchen passiert. Niemanden interessiert sein hilfloser Zustand, und es spendet daher auch keiner Trost. Jeder ist mit sich selbst beschäftigt und hat keine Zeit für das Kind und auch kein Verständnis für seine verheerende Situation.

Das Märchen erzählt aber auch nicht von einem trauernden Witwer, der mit dem Kind zum Grab geht und den Verlust der Gattin beweint. Allein das Mädchen leidet. Diese Geschichte betrifft den Mann nicht.

Den Auftrag „fromm und gut" zu sein aber hat es verinnerlicht. Es wagt daher keine Forderungen an die Erwachsenen zu stellen, es will sie nicht mit seinen Problemen belästigen oder gar gegen Ungerechtigkeiten aufbegehren. Es fühlt sich in dieser Situation machtlos und ihr ausgeliefert und verhält sich passiv, wie es das Kind früher bei seiner Mutter gesehen hat.

Durch die Erziehung darauf fixiert, ein braves Mädchen zu sein, ist sein Ego nur sehr schwach ausgeprägt und belastet mit Minderwertigkeitsgefühlen. Und da sich das Mädchen selbst minderwertig und zweitrangig fühlt, wird es von seiner Familie und seinen Mitmenschen nun auch so behandelt. Seine Persönlichkeit wird von niemandem mehr wichtig genommen. Und so verbirgt es zunächst sein Leid, dann auch sich selbst. Denn es erkennt, dass es in dieser Familie auf sich allein gestellt ist. Nur die heimlich geweinten Tränen bringen Erleichterung.

Zu jung an Jahren kann es die Zusammenhänge nicht erkennen und verstehen. Innerlich aber begehrt es auf und ist sehr zornig über das, was da mit ihm passiert. Es kämpft nicht gegen die anderen, sondern wütet gegen sich selbst. Es ist ihm ja verboten, seinem Zorn Ausdruck zu geben. Das wäre böse und unangenehm für seine Umgebung, die ihm solche Gefühlsäußerungen wohl schon vor langer Zeit abgewöhnt hat. So kann es nur sich selbst weh tun und sich klein machen. Das Mädchen wird, wie die Mutter, nun auch krank. Es wählt aber einen anderen Ausdruck. Während die Mutter irgendwann ihre verdrängten Aggressionen, zwar in unkontrollierter Form, aber doch nach außen gebracht hat, belastet das Mädchen seine Umwelt nicht, sondern nur sich selbst. Es verstummt und wird depressiv.

Das Vermächtnis der Mutter, „fromm und gut" zu sein, wird nun zum Teil hilfreich, denn nach so einem bitteren inneren Kampf ist auf jeden Fall der liebe Gott im Himmel da, den es um seinen Beistand bitten kann. Er ist der einzige, der jederzeit ansprechbar ist und der ihm immer zuhört. So wird Gott zum einzigen Halt für das Kind. Allerdings muss es Ihn nun auch um Verzeihung bitten, wegen seiner immer wieder zornigen Gedanken und Gefühle, um sein schlechtes Gewissen zu erleichtern. Denn das Kind weiß ja, dass es „in Gedanken" böse war, auch wenn die anderen davon nichts gemerkt haben. Aber Gott sieht alles, und es muss deshalb nun auch noch lernen, seinen unausgesprochenen Zorn und seine Wut zu verdrängen. Und irgendwann wird es eben gar nichts mehr spüren.

Nach einer wohl sehr langen Zeit - im Märchen vergeht die ganze Winterszeit - bessert sich sein quälender Zustand. Das Kind ist in seiner Depression durch tiefgreifende psychische Prozesse gegangen, die es früh haben reifen lassen. Langsam wendet es sich nun wieder der Außenwelt zu. Es sieht etwas Sonne und kann deren Wärme spüren. Es fängt an wieder am Leben teilzunehmen. Was der Auslöser für diese Umkehr ist, sagt uns das Märchen nicht.

Die Sonne ist ein Symbol für unseren Persönlichkeitsausdruck, aber auch für schöpferische Energie und für Erkenntnisfähigkeit. Es muss also eine innere Kraft gewesen sein, die für diese Umkehr verantwortlich ist.

Aus seiner depressiven Phase jedoch bringt das Mädchen alle in dieser Zeit gemachten inneren Erfahrungen mit. Es ist gereift, es hat sich verändert und erlebt deshalb auch die Außenwelt anders als früher.

Seinem Empfinden nach hat sich der Vater eine andere Frau

genommen.

Wie bereits beschrieben, akzeptiert das Mädchen die eigene Mutter nicht mehr als seine wirkliche, blutsverwandte Mutter. Es wendet es sich innerlich von ihr ab. Und so wird die einst geliebte Mutter zur Stiefmutter. Denn um diese Situation überhaupt ertragen zu können, hat das Mädchen sein Mutterbild in eine verstorbene, gute Mutter und eine lebende, wie wir bald erfahren, böse (Stief-) Mutter geteilt. Es nimmt in seiner Situation nun fast nur noch die negative Seite ihrer Mutter wahr. Diese Spaltung ist reichlich bekannt in der Psychologie.

Die gute Mutter aus der Vergangenheit ist gestorben und weilt jetzt im Himmel, in einer anderen Dimension, unsichtbar und unerreichbar. Die reale Mutter aber, die die wahren Gründe für die Veränderung der Tochter nicht erkennt, hat kein Verständnis für dieses neue Verhalten ihres Kindes. Das wirkliche Wesen des Mädchens ist ihr unbekannt. Das Kind wird ihr fremd und sie kann es daher auch nur noch stiefmütterlich behandeln.

Die Mutter erkennt nicht, dass sie ihre Tochter in der Vergangenheit überfordert hat. Sie weiß nichts von den inneren Erfahrungen während der einsamen und leisen Krankheit des Kindes, in die es durch ihr eigenes Verhalten gekommen ist. Sie hat kein psychologisches Wissen und weiß daher auch nichts über die inneren Gestalten unterbewusster Bereiche der Persönlichkeit, mit denen ihr Kind sich auseinandersetzen musste, um nicht zu sterben. Sie war mit ihren eigenen Schwierigkeiten beschäftigt.

Und so musste das Kind viel zu früh in seinem Leben mit dieser dunklen Welt in seinem Inneren in Berührung kommen. Aber es hat die es schier überwältigende Zeit überlebt und die Erlebnisse haben es schneller reifen lassen, als es von seinem Alter her nötig gewesen wäre. Aus einem wohl heiteren Kind wurde ein ernstes und pflichtbewusstes Mädchen. Es wurde aber auch ein einsames Mädchen, denn in seinem Umfeld gab es niemanden, mit dem es über seine Erfahrungen hätte sprechen können. Und so isolierte es sich immer mehr.

Es muss aber weiterleben, und so entwickelt es eine duale Persönlichkeitsstruktur. Es besitzt nun eine unschuldige, naive und gut angepasste äußere Maske und ein reiches, intensives

Innenleben, von dem niemand etwas weiß.

Die Spaltung der Mutterfigur aber wird es so lange quälen, bis es in seiner Entwicklung so weit gekommen ist, dass es das, was ihm in frühester Kindheit passiert ist, verstehen kann und so diese Mutter- und die dazugehörende Vaterproblematik überwindet. So lange aber wird es sich in der Welt fremd und unverstanden fühlen und auch nicht wirklich dazugehören.

III
Stiefmutter, Stiefschwestern und Aschenputtel

Die Frau hatte zwei Töchter mit ins Haus gebracht, die schön und weiß von Angesicht waren, aber garstig und schwarz von Herzen. Da ging eine schlimme Zeit für das arme Stiefkind an. „Soll die dumme Gans bei uns in der Stube sitzen?" sprachen sie. „Wer Brot essen will, muß es verdienen: hinaus mit der Küchenmagd!" Sie nahmen ihm seine schönen Kleider weg, zogen ihm einen grauen alten Kittel an und gaben ihm hölzerne Schuhe. „Seht einmal die stolze Prinzessin, wie sie geputzt ist!" riefen sie, lachten und führten es in die Küche. Da mußte es von Morgen bis Abend schwere Arbeit tun, früh vor Tag aufstehn, Wasser tragen, Feuer anmachen, kochen und waschen. Obendrein taten ihm die Schwestern alles ersinnliche Herzeleid an, verspotteten es und schütteten ihm Erbsen und Linsen in die Asche, so daß es sitzen und sie wieder auslesen mußte. Abends, wenn es sich müde gearbeitet hatte, kam es in kein Bett, sondern mußte sich neben den Herd in die Asche legen. Und weil es darum immer staubig und schmutzig aussah, nannten sie es Aschenputtel.

Aus dem einzigen - einzigartigen - Töchterlein wird nach seiner schwierigen, depressiven Phase ein Stiefkind. Es fühlt sich seiner Mutter nicht mehr zugehörig. Seine besonderen Wesenszüge findet es von ihr nicht mehr erkannt und anerkannt. Es weiß nicht, dass es sich verändert hat, dass es seiner Familie ein Bild von sich zeigt, das dieser fremd ist. Es kann niemanden erfreuen, obwohl es alles tut, was man von ihm verlangt. Es scheint niemanden zu geben, der fähig ist, hinter seine Maske zu schauen, die ein zartes und nach Liebe suchendes, verletzbares und sehr hilfsbedürftiges, aber auch ein sehr frühreifes Mädchen verbirgt. Es ist ein Mädchen, das mit sich selbst nicht zurecht kommt. Alle sehen nur sein unbeholfenes Benehmen. Sie sehen das dumme Mädchen, das sich nicht wehren und durchsetzen kann und das so zum Spielball seiner Umgebung wird. Bald fühlt es sich als ein wertloses Niemand und benimmt sich auch so. Keiner will gern mit so einer „Transuse" - nicht Fleisch, nicht Fisch - zusammensein, und es wird aus der Gemeinschaft ausgeschlossen.

Die einst geliebte Mutter wird zur Stiefmutter und die Schwestern, die wohl von unkomplizierter Natur sind, zu Stiefschwestern.

Von diesen Schwestern war am Anfang der Geschichte nichts zu vernehmen. Ich interpretiere sie als nachgeborene Schwestern oder aber Schwestern, die zuvor keine Rolle im Leben des Mädchens gespielt haben. Jetzt aber werden sie, wie die Mutter, zu geheimen Feindinnen und übermächtig. Ihr Wesen ist dem Mädchen fremd. Mit diesen Frauen und deren Lebensgefühl und -verständnis fühlt es sich nicht verwandt. Sie werden abgelehnt, weil sie so sind wie die Mutter und deshalb auch nur zu ihr gehören. Es fühlt sich tief in seinem Herzen anders, auch besser, denn es ist ja gut und fromm. Da es nicht wahrhaben kann und darf, dass es auch in ihm „schlechte" Charaktereigenschaften gibt, die es nur nicht wagt offen auszuleben, projiziert sie diese auf die Schwestern. Ihnen wird nun alles Negative zugeordnet und Positives einfach übersehen. Aber selbst das bringt ihm keine Genugtuung, es fühlt sich ihnen gegenüber trotzdem minderwertig.

Durch diesen traurigen, zwiespältigen Zustand findet das Mädchen in der Außenwelt bald nur noch Schlimmes vor. Die Schwestern, deren Schönheit es zwar bewundert und anerkennt, sind aus ihrer Sicht „garstig und schwarz von Herzen". Selber fühlt es sich hässlich im Aussehen, aber edel im Herzen. Das tut ihm gut. Doch niemand sieht in sein Herz. Und da, wo äußere Schönheit zählt, sind die Schwestern seiner Meinung nach im Vorteil. Durch seine Minderwertigkeitsgefühle fühlt es sich zurückgesetzt und nicht berechtigt, wie diese am Leben voller Freude teilzunehmen. Und so muss es, anstatt zu spielen, arbeiten und beten. Es muss sich seine Berechtigung, überhaupt am Leben zu sein, verdienen: Es muss etwas leisten!

Mit dieser Einstellung wird es genügend Menschen anziehen, die diese Meinung unterstützen und eigene Aufgaben gern an das Mädchen delegieren werden. Die Schwestern, wie auch die Mutter nach ihrer Krankheit, gehören, wie wir im Märchen hören, offensichtlich zu dieser Gruppe. Sie zeigen sich wenig feinsinnig und einfühlsam. Sie nehmen die Dinge, wie sie sie sehen, und sie sehen ihre Schwester bzw. Tochter dumm und willig. Sie scheint nur als Dienstmagd zu gebrauchen zu sein. Und so nutzen sie deren inneren und äußeren hilflosen Zustand schamlos für ihre Zwecke aus. Sehr schnell erkennen sie, dass da jemand ist, mit dem man alles machen kann, weil er zu schwach ist und keinen Widerstand zu leisten vermag gegen Forderungen von außen, seien sie auch noch so ungerechtfertigt.

Ergeben und ohne ein böses Wort führt das Mädchen die ihm aufgetragenen Aufgaben aus, eingeengt in einen kleinen Rahmen, sorgend für die Familie und deren Bedürfnisse. Innerlich aber spürt es die Ungerechtigkeit dieser Aufgabenverteilung und folglich auch Wut. Aber es vergisst sofort seinen wahren Wert, wenn andere ihm die Botschaft laut oder subtil vermitteln, minderwertig zu sein und deswegen für sie zur Verfügung zu stehen zu haben. Und es rebelliert später, wenn es allein ist, wenn es niemand mehr bemerkt.

Äußerlich passt es sich diesem minderwertigen Gefühl und den daraus folgenden Ansprüchen der anderen an. Es nimmt die Herabwürdigung zur Dienstmagd widerstandslos an. Graue alte Kittel (Grau, die Farbe, die seine indifferente Haltung ausdrückt) und hölzerne Fußbekleidung trägt es nun: Symbole für sein freudloses, langweiliges Leben. Seinem niederen Stand entsprechend läuft es in Holzschuhen und zeigt ein trampelhaftes, unbeholfenes Auftreten. Es verkriecht sich buchstäblich wie eine graue Maus hinter dem Ofen. Es erledigt die ihm angetragenen Aufgaben aber nur lustlos und es erfüllt dabei seine vermeintliche Pflicht.

Die Arbeiten, die es zu tun hat, sind zum Teil sinnlos. Im Märchen heißt es: „Obendrein taten ihm die Schwestern alles ersinnliche Herzeleid an, verspotteten es und schütteten ihm Erbsen und Linsen in die Asche, so dass es sitzen und sie wieder auslesen musste." Durch sein masochistisches Verhalten fordert das Mädchen die sadistischen Züge seiner Umwelt heraus. Man will es nun quälen und demütigen.

Und man ahnt einen verborgenen Stolz, eine Rebellin hinter der nichtssagenden Maske. Etwas Unbezwingbares geht von ihm aus. Die Schwestern nennen es die „stolze Prinzessin", sie fühlen sich herausgefordert und wollen diesen Stolz brechen. Das Mädchen wehrt sich aber nicht und das einzige, womit es sich bemerkbar macht ist der Lärm, den es mit seinen klappernden Holzschuhen veranstaltet. Ganz zu überhören ist es also nicht.

Und abends, nach getaner Arbeit, wenn es müde ist, zieht es sich von den anderen zurück und legt sich in die Asche. Das heißt, es zieht sich in sich selbst zurück, in sein inneres Reich, dahin, wo es ein bisschen warm und heimelig ist, dahin, wo einmal ein richtiges Feuer brannte. Hier kann es sich vorstellen, dass es eine verkannte Prinzessin ist. Hier träumt es von der schönen Vergangenheit und sehnt sich nach einer besseren Zukunft. Hier spielt die Gegenwart keine Rolle.

Für ein solches Mädchen gibt es in dieser Lebensperiode keine Freude und keine Begeisterung. Aber es lernt gezwungenermaßen mit den alltäglichen Dingen, mit den Realitäten des Lebens umzugehen. Es entwickelt wichtige praktische Fähigkeiten, auch wenn es dafür keine Anerkennung gibt und keinen Dank für seine Dienste und Hilfe, sondern nur Spott.

Bisher hatte dieses Mädchen im Märchen keinen Namen. Dieser Zustand ändert sich jetzt. „Aschenputtel" erscheint auf der Bildfläche.

IV
Der Vater und sein Geschenk

Es trug sich zu, daß der Vater einmal in die Messe ziehen wollte, da fragte er die beiden Stieftöchter, was er ihnen mitbringen sollte. „Schöne Kleider", sagte die eine, „Perlen und Edelsteine" die zweite. „Aber du, Aschenputtel", sprach er, „was willst du haben?" „Vater, das erste Reis, das Euch auf Eurem Heimweg an den Hut stößt, das brecht für mich ab." Er kaufte nun für die beiden Stiefschwestern schöne Kleider, Perlen und Edelsteine, und auf dem Rückweg, als er durch einen grünen Busch ritt, streifte ihn ein Haselreis und stieß ihm den Hut ab. Da brach er das Reis ab und nahm es mit. Als er nach Hause kam, gab er den Stieftöchtern, was sie sich gewünscht hatten, und dem Aschenputtel gab er das Reis von dem Haselbusch. Aschenputtel dankte ihm, ging zu seiner Mutter Grab und pflanzte das Reis darauf und weinte so sehr, daß die Tränen darauf niederfielen und es begossen.

Bis zu diesem Zeitpunkt im Märchen wurde der Vater nur als Mann der Mutter und jetzigen Stiefmutter erwähnt. In Aschenputtels Leben scheint er lange Zeit nicht die geringste Rolle zu spielen. Er ist der „abwesende Gatte und Vater", der sich nicht in das Leben der Frauen einmischt. Er überlässt „Kinder, Küche und Kirche" nach alter Väter Sitte gern seiner Frau und lebt so ungebunden und unbelastet von Familienproblemen in seiner eigenen Welt.

Es ist die Welt eines Geschäftsmannes. Hier knistert das Leben, hier wird kein Stillstand geduldet, hier sucht man den Fortschritt. Er hält sich da auf, wo Intelligenz, Mut, Stärke, Flexibilität, Durchsetzungs- und Schöpferkraft gebraucht werden: Er lebt in einer männlichen Welt, wo die Energien progressiv in die Zukunft gerichtet sein müssen. Und in dieser Welt scheint er sehr erfolgreich zu sein, denn schon im ersten Satz des Märchens haben wir erfahren, dass er ein reicher Mann ist.

Die Frauen seiner Familie partizipieren zwar von seinem

Reichtum, sind aber von dieser Welt getrennt und der schöpferischen Energie abgeschnitten. Sie drehen sich in ihrem Wirken im Kreis.

Während der gesamten Märchenerzählung wird der Vater Aschenputtels nie zum Stiefvater. Was immer er auch tut, ist aus der Sicht des Mädchens in Ordnung.

Der Vater fragt nun seine Töchter, was er ihnen mitbringen solle, wenn er in die Messe zieht. Er bleibt wohl nie lange in der Enge der Familie. Es zieht ihn hinaus in die weite Welt, dahin, wo noch nicht alles festgelegt ist. Er will ins volle Leben. Und von da will er den Mädchen Dinge mitbringen, die ihr Herz erfreuen sollen. Mit „Mitbringseln" soll die Sehnsucht nach der Ferne und nach Abwechslung gestillt werden.

Die Stieftöchter wünschen sich genau das, von dem man annimmt, dass es sich junge Frauen wünschen: Sie wünschen sich schöne Kleider, Perlen und Edelsteine. Sie wollen etwas, um ihre äußere Erscheinung aufzuwerten, um sich bezaubernd zu fühlen.

Aschenputtel jedoch hat einen auf den ersten Blick etwas ungewöhnlichen Wunsch. Sie will das erste Reis, das dem Vater an den Hut stößt. Bei näherer Betrachtung entdeckt man aber, dass dies ein sehr mutiges Begehren ist, dass sie mehr fordert als ihre Stiefschwestern.

Schöne Kleider, Perlen und Edelsteine für seine Töchter zu besorgen, wird dem Vater nicht schwer gefallen sein. Er hat das Geld, d.h. die Energie oder die Möglichkeit dazu und er weiß, wie diese Wünsche sich befriedigen lassen.

Ich interpretiere, die Schwestern wünschen sich vom Vater als erstem Mann in ihrem Leben in ihrer weiblichen Schönheit anerkannt und bewundert zu werden. Das wird ihm nicht schwer fallen, denn er liebt seine Töchter. Es steht nichts Gegenteiliges im Märchen.

Aschenputtel wünscht sich aber keine Kleider, Perlen oder Edelsteine. Sie scheint in dieser Phase der Geschichte diesen Wunsch, nämlich vom Vater als Frau anerkannt zu werden, schon erfüllt bekommen zu haben. Sie ist den Schwestern wohl in Jahren und in ihrer Entwicklung voraus und sich auch der Liebe des Vaters sicher. Um Aschenputtels jetzigen Wunsch zu erfüllen, muss er etwas tun, was ihm nur auf den ersten Blick keine Mühe bereitet. Während er durch den grünen Busch reitet, heißt es, streift ihn ein Haselzweig und stößt ihm den Hut ab. „Da brach er das Reis ab und nahm es mit."

Wenn sich der Vater in einer grünen Landschaft bewegt, noch dazu auf einem Pferd, dann bedeutet das, er befindet sich in einem Zustand des Wachstums, der Kreativität und Energie und das hoch zu Ross. Er hebt quasi mit Hilfe des Pferdes vom Boden ab, benutzt von irgendwo eine zusätzliche Energie und kommt daher schnell vorwärts.

Aschenputtels Wunsch bremst ihn aber in seinem vollen Galopp, in seinem Vorwärtsstürmen. Er muss innehalten und vom Pferd steigen, denn der Hut fällt. Der Hut, ein Statussymbol für den Mann von Welt, zeigt uns, mit welch mächtigem Mann aus Aschenputtels Sicht wir es zu tun haben. Der Hut macht ihn größer und auch das Pferd, auf dem er sitzt, hält ihn für normal Sterbliche außer Reichweite. Wird er gezwungen vom Pferd zu steigen, heißt das, dass er auch seine Überheblichkeit und Größe aufgeben muss, wenn er Aschenputtels Wunsch erfüllen will. Er muss sich mit ihr auf eine Ebene stellen. Das ist die Forderung des Mädchens. Aschenputtel will Kontakt mit dem Menschen, der ihr Vater ist, nicht mit dem erfolgreichen Geschäftsmann.

Der Vater erfüllt den Wunsch. Er bricht das Reis vom Haselbusch und gibt es Aschenputtel. Er behandelt sie nicht von oben herab. Das Gewünschte überreichend gibt er seiner Tochter die Möglichkeit und die Unterstützung für ihre weitere persönliche Entwicklung.

Symbolisch gesehen ist der Zweig des Haselbusches ein Teil männlicher Kraft. Der Haselnussbaum galt aber auch vor noch nicht allzu langer Zeit als Baum der Weisheit, und seine Früchte verliehen Schönheit und Wissen. Aschenputtel erhält über den Kontakt zum Vater die Möglichkeit, auch männliche Eigenschaften in sich zu entwickeln. Sie erkennt die Macht des Wissens und Erschaffens und nimmt Verbindung zu dieser ihr noch unbekannten Welt auf, ermöglicht durch die Zuwendung des Vaters.

Indem sie im Märchen das Reis des Vaters auf das Grab der „guten Mutter" pflanzt, dessen Erde sie mit vielen Tränen gedüngt hat, verbindet sie die weiblich bestimmte Vergangenheit mit der väterlichen Gegenwart, um die Weichen für eine ganzheitliche Zukunft zu stellen. Das intuitive Wissen aus dem mehr weiblich unterbewussten Bereich wird vereint mit dem konkreten und logischen Denken der realen väterlichen Welt. Schöpferische Kraft kann entstehen.

Das Reis wird Wurzeln schlagen, nach unten in die Tiefe wachsen und sich so mit der Vergangenheit verbinden und es wird nach oben streben und in die Breite, dem Himmel, der Zukunft entgegen. Aber es werden viele Jahre des Wachsens und des Lernens vergehen, bis aus dem Reis ein schöner Baum wird, dessen Zweige in die Ferne greifen.

Wir kennen von Karl Koch den Baumtest als psychodiagnostisches Hilfsmittel. Hier wird davon ausgegangen, dass in der Art und Weise, wie ein Mensch einen Baum zeichnet, man Rückschlüsse auf seine Entwicklung und seine seelische Entfaltung ziehen kann.

V
Aschenputtel wächst heran und lernt zu wünschen

Es wuchs aber und ward ein schöner Baum. Aschenputtel ging alle Tage dreimal darunter, weinte und betete, und allemal kam ein weißes Vöglein auf den Baum, und wenn es einen Wunsch aussprach, so warf ihm das Vöglein herab, was es sich gewünscht hatte.

Viele Jahre sind vergangen. Aschenputtel ist jetzt eine Frau. Aus dem Reis, das sie auf das Grab gepflanzt hat, ist ein schöner Baum geworden.

Der Baum ist ein Symbol des Menschlichen, der menschlichen Selbstwerdung. Er ist ein Abbild der inneren Wirklichkeit, und wenn es ein schöner Baum ist, wird er harmonisch gewachsen sein. Dazu gehört auch eine gut gestaltete Krone. Diese Zone des Baumes symbolisiert unsere Intellektualität und Geistigkeit. Sie zeigt die Entfaltung und Differenzierung der geistigen Kräfte eines Menschen. Aschenputtel ist zwar immer noch Dienstmagd, aber mittlerweile wohl auch eine fleißige Schülerin. Durch Studium, welcher Art auch immer, hat sie ihr Wissen erweitert, hat Erkenntnisse und neue Überzeugungen gewonnen.

Dreimal am Tage geht sie, heißt es in diesem Kapitel, unter den Baum und betet und weint; anders ausgedrückt: sie zieht sich traurig in sich selbst zurück. Sie ist mit ihrem Leben nicht zufrieden. Es scheint noch immer einiges zu ihrem Glück zu fehlen.

Beim Weinen haben wir die Möglichkeit, unserem Schmerz Ausdruck zu geben. Wir können dadurch aus einer Verspannung wieder in eine gelöste Haltung kommen. Denn um auch nur eine einzige Träne weinen zu können, müssen wir weich werden. Wir müssen loslassen. Geben wir die Kontrolle über unsere Gefühle auf, lassen wir unseren Schmerz zu, kann gestaute Energie in Fluss kommen, Tränen können fließen. Verkrampfungen, seelische wie körperliche, lösen sich. Weinen kann man, wie Aschenputtel es tut, im Verborgenen, so dass kein Mensch es sieht. Niemand wird durch unsere Tränen belästigt, aber auch niemand weiß um unseren Kummer, und keiner kann daher uns trösten.

Im Gebet setzen wir uns mit Gott in Verbindung. Wir können das aktiv tun, indem wir Ihn direkt durch unsere Bitten ansprechen oder passiv, indem wir uns z.B. in einer Meditation leer machen, damit Er durch Bilder zu uns sprechen kann.

Beten heißt aktiv zu sein, seine Gedanken zu formulieren und vertrauensvoll auszusprechen, was uns am Herzen liegt, und sicher sein zu können, dass dies in „guten Händen" ist.

Meditieren bedeutet passiv zu sein, sich zu öffnen und sich verwandeln zu lassen zu einem neuen Menschen, der sowohl Zugang zu seiner Innenwelt hat als auch nach außen zu den anderen Menschen.

Alle Tage dreimal geht Aschenputtel unter ihren Baum, sie zieht sich aus dem Alltagsgeschehen zurück in sich selbst. Die magische Zahl Drei taucht auf.

Dreimal bedeutet, dass etwas am Werden, am Wachsen ist im geistigen Bereich, dass es sich um einen schöpferischen Vorgang handelt. Denn die Zahl Drei oder das Dreieck stehen symbolisch auch für die „Idee". Aus These und Antithese entsteht ein drittes, die Synthese. Die Drei bedeutet aber auch Inspiration, und Inspiration ist ein Gnadenakt. Wir können sie nicht machen oder wollen, wir können uns nur für sie öffnen, durch ein Leermachen und durch die richtige geistige Einstellung. Dreimal heißt aber auch, dass es hier um einen Prozess geht und nicht um eine im wörtlichen Sinne dreimalige Sache.

Das weiße Vöglein, das sich auf Aschenputtels Baum niederlässt, zeigt die seelisch-geistige Verbindung, die durch den meditativen Zustand entsteht. Es ist aber auch ein Symbol für ihre Gotteserkenntnis und ihr Gottvertrauen. Über unsere Seele sind wir mit dem Göttlichen verbunden, und von da bekommen wir alles, was wir uns wünschen.

Ein Wunsch oder das Wünschen ist im Märchen etwas Alltägliches. Aschenputtel spricht einen Wunsch aus, und das Vöglein wirft ihr herab, was sie sich gewünscht hatte. Zeit ist im Märchen nicht so wichtig. Was wir aber sehen, ist, dass Aschenputtel zwischen dem Aussprechen des Wunsches und dem Empfangen des Gewünschten passiv bleibt. Sie wartet nur ab.

Das ist sehr wichtig.

Ein wirklicher, ein unserem Wesen entsprechender Wunsch, kommt aus unserer tiefsten Seele. Seine Bestimmung ist, sich zu erfüllen. Dieser Wunschimpuls muss vom Menschen bewusst wahr genommen werden, mächtiger werden als die vielen Gedanken, die den ganzen Tag durch unseren Kopf jagen. Dann wird er zu einer Idee, zu einem Bild, das von uns einen Namen bekommt: Er kann ausgesprochen werden. Allerdings sollten Wünsche ein Geheimnis sein und nicht vor anderen Menschen verkündet werden. Unsere Zweifel und die anderer Menschen, dass unser Wunsch sich erfüllt, sind wenig hilfreich.

Aschenputtel spricht ihre Wünsche unter dem Baum auf dem Grab der Mutter aus, weit weg von aller Öffentlichkeit, mit sich allein. Und nicht einmal das Märchen verrät uns jetzt schon, welche das sind. Wir können aber davon ausgehen, dass die Fortsetzung der Geschichte mit der Entwicklung oder Verwirklichung eines ihrer größten Wünsche zu tun hat.

Wünsche sind, ihrer Natur entsprechend, von uns selbst nicht erfüllbar. Der Wunsch, die Idee, liegt im geistigen Bereich. Damit dieser in der Realität Gestalt annehmen kann, muss man davon überzeugt sein, dass er sich erfüllen wird. Diese Überzeugung gibt der Idee die Kraft, sich zu verwirklichen. Selber sollte man aber passiv bleiben und das Vertrauen in die schöpferische Kraft nicht verlieren. Zweifel zerstören das geistige Gebäude, und der Wunsch kann sich nicht verwirklichen.

In unserer modernen Zeit wissen nicht nur die Gelehrten (in vielen Büchern können wir es nachlesen, oder es ist uns aus eigener Erfahrung bewusst geworden), welche Macht unsere Gedanken über unser Leben und Schicksal haben. Langsam begreifen wir, dass sie Energien sind bzw. die Bausteine, die alles erschaffen, Gutes oder Böses und damit auch unser Schicksal..

Und wenn wir öfter am Tage einmal innehalten würden, um unsere Gedanken zu beobachten und zu kontrollieren, wären wir erstaunt, woran wir geistig bauen.

Mit negativen Gedanken vergiften wir nicht nur unseren Körper und unsere Seele und machen uns das Leben schwer, indem wir schwierige Umstände kreieren, sondern wir vergiften auch unsere Umwelt, die ja auch nur ein Spiegelbild unserer Gedanken ist.

Aber unsere Gedanken alleine sind nur ein erster Schritt. Zu den Gedanken muss eine Vorstellung kommen. Man muss sich von dem, was man sich wünscht, ein Bild machen, denn die Sprache des Unterbewussten ist das Bild. Und unsere Begeisterung für das, was wir da geistig erschaffen, darf auf keinen Fall fehlen.

Vor einiger Zeit konnte ich auf einer Reise nach Bolivien beobachten, wie in Copacabana (Marienwallfahrtsort) am Titicaca-See die Einwohner mit ihren Wünschen umgehen: Sie kaufen vor der Kirche eine Kerze, lassen sie nach dem Gottesdienst vom Priester weihen und bringen sie in eine Kapelle. Die Kapelle ist nichts als ein langer, schwarzgeräucherter Raum, erhellt durch die vielen Kerzen, die hier brennen. Dort zünden sie ihre Kerze an und bitten Maria, die Mutter Jesu Christi, um die Erfüllung eines ganz bestimmten Wunsches. Sie formen das Gewünschte aus dem weichen Wachs ihrer Kerze und kleben es an die Wand. Ich sah Autos, Kinder, Häuser und Banknoten. Vor der Kirche stehen Stände, an denen man die verschiedensten Dinge in Miniatur kaufen kann. Bündelweise gibt es hier kleine Geldscheine, Reisepässe, Scheckkarten, Flugkarten, Hausrat, Autos, Babys u.s.w.. Die Indios kaufen sich nun das, was sie sich gewünscht haben, in Spielzeugformat und nehmen es mit nach Hause. Dort stellen sie es an einen dafür bestimmten Platz und beten immer wieder davor. Und wenn ihr Wunsch Realität geworden ist, kommen sie mit Autos, Babys u.s.w. nach Copacabana zurück, lassen diese segnen und danken der Gottesmutter.

VI
Einladung zur Hochzeit

Es begab sich aber, daß der König ein Fest anstellte, das drei Tage dauern sollte und wozu alle schönen Jungfrauen im Lande eingeladen wurden, damit sich sein Sohn eine Braut aussuchen möchte.

In diesem Kapitel, nachdem Aschenputtel die Kunst des Wünschens wohl bereits längere Zeit praktiziert hat, erhält sie Kenntnis und Wissen über ein großes Ereignis, über eine ganz besondere Hochzeit, über eine königliche Hochzeit. Das diensteifrige Aschenputtel, das sich hauptsächlich um das Haus und die Familie kümmert, beschäftigt sich offensichtlich auch noch mit ganz anderen Themen, Themen die weit über die drei großen K's hinausgehen. Und wie jede Frau ist auch sie von Sehnsucht erfüllt nach dem besonderen Mann, dem, der nur zu ihr gehört. Und sie erfährt, dass alle Frauen eingeladen sind, sich nun mit diesem zu vermählen. Also auch sie.

Es gibt eine sehr alte Lehre, die Lehre von den Dualseelen; manchmal werden sie auch Zwillingsseelen genannt. Danach hat jeder Mensch eine ihn vollkommen ergänzende Hälfte, den sogenannten Dualpartner. Viele Denker haben sich im Laufe der Menschheitsgeschichte damit beschäftigt, und dieses Wissen ist auch in vielen Mythen von Urvölkern nachzuweisen.

Plato erzählt von einem ursprünglich vollkommenen Menschen, der in zwei Hälften geschnitten wurde. Jedes Individuum ist seiner Anschauung nach also nur eine Hälfte und kann durch seine Entwicklung auf der Erde seine andere Hälfte finden, um wieder vollständig zu werden.

Auch im Alten Testament finden wir Aussagen, die sich auf dieses Thema beziehen und so Stoff zum Nachdenken bieten. In der Genesis finden wir zwei Schöpfungsgeschichten. In der ersten steht: „Gott schuf also den Menschen als sein Abbild: als Abbild Gottes schuf er ihn. Als Mann und Frau schuf er sie." (1,27) Am Anfang der Schöpfung war der Mensch also weder männlich noch weiblich. Er war beides, er war männlich und weiblich, nach dem Bild Gottes. Er war androgyn.

In der Genesis 2,7 heißt es: „Da bildete Gott, der Herr, den Menschen aus dem Staub des Ackerbodens und blies in seine Nase den Lebensatem; so wurde der Mensch zu einem lebendigen Wesen." Und weiter in 2,21 und 2,22: „Da ließ Gott der Herr einen Tiefschlaf auf den Menschen fallen, so dass er einschlief, nahm ihm eine seiner Rippen und verschloss deren Stelle mit Fleisch. Gott der Herr baute die Rippe, die er dem Menschen entnommen hatte, zu einer Frau aus und führte sie ihm zu."

Die Schöpfung verläuft in vielen Stufen, vom Feinstofflichen bis zum Grobstofflichen. Auf welcher Stufe wir uns befanden, als die Teilung stattfand, weiß ich nicht. Viele Gelehrte haben sich mit unserer Schöpfungsgeschichte, die scheinbar Widersprüche aufweist, bis heute beschäftigt, und man kann nur ahnen wie es wirklich gewesen ist. Und für meine Aschenputtel-Interpretation ist auch nicht wichtig, was alles passiert ist, bis es zur Teilung des vollkommenen Menschen kam. Wichtig ist, wie sie wieder überwunden werden kann. Denn die geteilten Seelen, die nun in einem irdischen Körper getrennt ihren Weg auf dieser Erde gehen, haben nur einen Wunsch: sich wieder zu vereinigen. Das Wissen um ihre andere Hälfte, um ihren Dualpartner, schläft in ihnen und muss nur geweckt werden.

Hier auf unserer Welt finden wir alles in Gegensatzpaaren. Auf der Entwicklungsstufe, auf der wir leben, gibt es keinen Anfang ohne ein Ende, kein Schwarz ohne ein Weiß und keinen Tag ohne eine Nacht. Aber alles drängt wieder in die Einheit.

Wir Menschen laufen also nach dieser Lehre nur als Hälften umher. Und so darf es uns nicht wundern, dass wir alle bestrebt sind, wieder ganz zu werden und deshalb nach unserem einmaligen Partner suchen. Wir verlieben uns, wir heiraten, und mittlerweile lassen sich sehr viele von uns wieder scheiden aus Enttäuschung darüber, dass es nicht der oder die Richtige war. Und dann suchen wir weiter. Die unbewusste Sehnsucht nach unserer anderen Hälfte lässt uns nicht ruhen, denn alle tragen wir ihr Bild in uns.

Meist treffen wir einen Seelenpartner, einen Partner, der zu unserer Seelenfamilie gehört, mit dem wir eine komplementäre Aufgabe zu meistern haben und mit dem wir entwicklungsmäßig auf gleichem Stand sind. Das Bewältigen dieser Aufgabe lässt uns beide wachsen. Aber dann kann manchmal das Versprechen „Bis der Tod uns scheidet" nicht eingehalten werden, denn diese Partnerschaften lösen sich meist auf, wenn die gemeinsame Arbeit erledigt ist. Durch die Entwicklungsmöglichkeiten aber, die darin stecken, helfen sie uns dem Dualpartner immer näher zu kommen. Die Sehnsucht ist groß und treibt uns weiter. Immer wieder begegnen wir unserem Dual auf unseren irdischen Reisen und verlieren es wieder, bis wir an einem Punkt in unserer Persönlichkeitsentwicklung angekommen sind, an dem wir mit ihm wieder eine seelische Einheit bilden können.

Weiter im Märchen: Der König will ein Fest geben. Sein Sohn soll sich eine Braut aussuchen. Auch an die Familie mit den drei Töchtern ergeht die Einladung, an diesem Brautwahlfest teilzunehmen. Niemand ist ausgeschlossen. Alle „schönen Jungfrauen" sind dazu eingeladen.

Zwei Bedingungen sind also an die Teilnahme geknüpft. Erstens soll die zukünftige Braut schön sein. Wenn ich das Symbol des Baumes heranziehe, um Schönheit für diesen Fall zu definieren, dann muss der Baum folgendermaßen aussehen: Er sollte lange feste Wurzeln haben, die tief in die Erde reichen, er braucht einen starken Stamm und eine volle, differenziert ausgebildete Krone. Übersetzt heißt das: Es kann nur eine Frau sein, die sich ihrer Vergangenheit voll bewusst ist, die in ihr wurzelt und Halt hat, weil sie sich mit ihr auseinandergesetzt und ausgesöhnt hat. Und sie soll auch ganz wörtlich mit der Mutter Erde verbunden sein. Sie darf den Kontakt zur Natur nicht verloren haben und sich auch trauen, ihre Gefühle zu leben und auszudrücken. Der starke Stamm zeigt symbolisch ausgedrückt ihr gut ausgebildetes, starkes Ich. Das braucht sie, damit sie nicht so leicht durch die Stürme des Lebens aus der Bahn geworfen werden kann. Und zu einem schönen Baum gehört auch eine voll ausgebildete Krone, eine, die ihre verästelten Zweige hoch in den Himmel streckt. Deshalb kann es sich hier nur um eine Frau handeln, die aus ihren Erfahrungen gelernt hat, die selbständig und differenziert denken kann und die weiß, dass sie auch ein geistiges Wesen ist.

Und zweitens soll sie eine Jungfrau sein, also eine Frau, die an nichts und niemanden gebunden ist, eine Frau, die frei und un-

abhängig ist in ihrem Denken, Fühlen, Wollen und Handeln.
Bei dieser Partnerwahl auf dem Fest hat sie aber eine passive
Rolle: Sie wird erwählt. Nur die Entscheidung, ob sie sich dieser
Wahl überhaupt stellt, ob sie des Königsohns Braut werden will,
trifft sie selber, und das bereits vor dem Fest. Diese Wahl beinhaltet für Aschenputtel die Bereitschaft, wenn ich die Lehre
über die Dualseelen voraussetze, sich zu entwickeln, ihr Bewusstsein zu erweitern und die zu werden, die von Anbeginn an
ihre Bestimmung war. Wann der Prinz auftaucht und wer und
wie er sein wird, darauf hat sie keinen Einfluss, denn das liegt
seit Urzeiten fest.

Die Geschichte erzählt nichts von einer Königin, nur von
einem König und seinem Sohn. Man kann also durchaus ver-
muten, dass es sich hier um ein geistiges Königreich handelt, um
das himmlische Reich, das Königreich in uns. Der König im
Märchen wäre mit Gott Vater und der Königssohn mit uns,
Gottes Geschöpfen, seinen Kindern, gleichzusetzen. Dann ist es
die Einladung Gottes, uns wieder mit unseren anderen Hälften
zu verbinden. Und diese Einladung ergeht an uns alle, ohne
Ausnahme.

Das Wählen, das heißt, das Suchen des Königsohns nach der
passenden Hälfte, dauert im Märchen drei Tage.

Wieder taucht hier die Zahl Drei auf. Wieder ist sie als Symbol für einen Zeitraum von Monaten oder gar Jahren zu sehen.
Es dauert ... Ich weiß nicht wie lang. Es dauert so lang, bis sich
die beiden Hälften so weit entwickelt haben, wie dies für eine
Vereinigung und Verschmelzung auf der Seelenebene nötig ist.

VII
Stiefschwestern und Stiefmutter verteilen Aufgaben

Die zwei Stiefschwestern, als sie hörten, daß sie auch dabei erscheinen sollten, waren guter Dinge, riefen Aschenputtel und sprachen: „Kämm uns die Haare, bürste uns die Schuhe und mache uns die Schnallen fest, wir gehen zur Hochzeit auf das Fest des Königs Schloß." Aschenputtel gehorchte, weinte aber, weil es auch gern zum Tanz mitgegangen wäre, und bat die Stiefmutter, sie möchte es ihm erlauben. „Du, Aschenputtel", sprach sie, „bist voll Staub und Schmutz und willst zur Hochzeit? Du hast keine Kleider und Schuhe und willst tanzen!" Als es aber mit Bitten anhielt, sprach sie endlich: „Da habe ich dir eine Schüssel Linsen in die Asche geschüttet, wenn du die Linsen in zwei Stunden wieder ausgelesen hast, so sollst du mitgehen."

Auch Aschenputtels Schwestern haben von diesem königlichen Mann gehört und den Ruf des Königs zur Hochzeit vernommen. Auch sie haben das Bild ihrer anderen Hälfte in sich und wollen dem Königsohn so schnell wie möglich ihre Hand reichen. Im Märchen gibt es für sie, die keineswegs unter Minderwertigkeitsgefühlen leiden, keinen Zweifel, dass sie sofort zum Brautwahlfest auf des Königs Schloss gehen werden und erwählt werden. Sie haben da wenig Probleme. Ihr Selbstbewusstsein ist so überhöht, dass es für sie gar keine große Sache ist, dem Königssohn zu begegnen und ihn zu heiraten. Sie sind sich ihrer eigenen Situation nicht bewusst.

Und für die Mutter, die von einer Brautwahl dieser Art gar nichts versteht, heißt es sogar: „Ist es nicht die eine, so ist es die andere." Sie weiß nicht, was eine Dualpartnerschaft ist. Für sie ist der Königsohn eine gute Partie. Die Einladung ist für sie eine Selbstverständlichkeit und genauso selbstverständlich ist es für sie, dass Aschenputtel nicht zum Brautwahlfest gehen wird. Diese kann und darf für eine Hochzeit noch nicht reif genug sein, denn sie braucht diese Tochter für ihre eigenen Belange. Außerdem ist der Königssohn ein Mann, der aus der Sicht der Stiefmutter und der Stiefschwestern weit über Aschenputtel steht. Und sie haben recht, es ist so. Denn mit diesem königlichen Mann kann sich eine Frau erst verbinden, wenn sie ihm durch Entwicklung ebenbürtig geworden ist. Die Stiefschwestern wollen und können aber nicht sehen, dass sie genau so unwürdig für eine derartige Verbindung sind wie Aschenputtel.

Um sich für das Fest schön und bereit zu machen, wollen sie sich nicht selber anstrengen, sondern bedienen sich sofort der Fähigkeiten und Fertigkeiten von Aschenputtel. „Kämme uns die Haare, bürste uns die Schuhe..." Können sie es nicht selber oder sind sie zu faul dazu? Oder hat Aschenputtel Fähigkeiten, die sie nicht haben und nun bräuchten?

Aschenputtel kann mit dem Kamm umgehen. Sie wird also ein gutes Maß an künstlerischem Talent, Kreativität und Wissen haben, denn die Schwestern wollen sich ja zu ihrem Vorteil kämmen bzw. verschönern lassen. Und sie trauen dies ihrer Stiefschwester durchaus zu. Eine neue Frisur verändert die ganze Persönlichkeit, sowohl zum Positiven, wie auch zum Negativen. Zu einer Friseuse muss man deshalb Vertrauen haben. Die beiden Schwestern glauben, dass Aschenputtel etwas tun kann, was sie dem Prinzen und damit der Hochzeit näher bringt und begeben sich in ihre Hände.

Haare kann man aber auch symbolisch deuten. Sie kommen aus dem Kopf wie unsere Gedanken. Mit dem Kamm werden wilde Haare bzw. Gedanken gebändigt und kultiviert. Vielleicht gibt Aschenputtel an ihre Schwestern eigenes Wissen weiter, das diese kurzfristig zu ihrem Vorteil nutzen können. Wird dieses allerdings nicht langfristig in ihr Leben integriert, wird es sie keinen Schritt weiterbringen.

Aschenputtel jedoch kann von diesem Wissen für sich selber noch keinen Gebrauch machen: Sie wagt es nicht, ihre eigenen Theorien in die Praxis umzusetzen.

Die Schwestern brauchen auch noch jemanden, der sich um ihre Schuhe kümmert. Aschenputtel soll ihnen dienen, indem sie ihre Schuhe bürstet und die Schnallen festmacht. Damit zwingen sie Aschenputtel buchstäblich auf die Knie. Sie demütigen sie.

Hier erscheint nach dem Holzschuh wieder das Symbol des Schuhs. Dieses Mal werden Charaktereigenschaften der Stiefschwestern beschrieben. Es sind schmutzige Schuhe, die man bürsten muss, und sie haben Schnallen.

Ich sehe in meiner Interpretation den Schuh in erster Linie als Ausdruck der Persönlichkeit und als Ausdruck des eigenen Standpunkts. Wir wissen, dass vor noch nicht langer Zeit Hotelangestellte sich von ihren Gästen ein Bild gemacht haben, indem sie den Zustand der Schuhe begutachteten. Und sie ließen sich von einem souveränen Gehabe nicht blenden.

Die Stiefschwestern wollen, dass Aschenputtel ihre Schuhe bürstet, dass sie eine Arbeit macht, die eigentlich die ihre wäre. Sie soll ihnen Glanz verleihen, einen Glanz, den sie sich nicht selber erarbeitet haben und der ihnen daher nicht zusteht. Er ist der Schwester abgezwungen. Außerdem haben die Schuhe Schnallen. Im Volksmund werden leichtfertige und leichtlebige Mädchen mit dem Ausdruck „Schnalle" bezeichnet. Es handelt sich also hier nicht unbedingt um tiefsinnige und verantwortungsvolle Frauen. Aber das wissen wir bereits.

Aschenputtel ist ihren Schwestern zu Diensten, ohne dass diese sich in irgendeiner Form revanchieren. Wieder einmal kann sie sich nicht wehren und auch nichts fordern, obwohl es hier ja nicht um eine Kleinigkeit geht. Trotz ihres großen Wissens hat sie in sich immer noch nicht die Erlaubnis, der Forderung eines anderen Menschen ein hartes, abgrenzendes „Nein!" entgegenzusetzen. Und doch ist sie hellwach. Sie weiß, was hier passiert. Diese Einladung zum Ball auf das königliche Schloss, dieses Wissen um ihren potentiellen Dualpartner und der Möglichkeit ihm zu begegnen, bringt etwas in ihr zum Schwingen und macht sie mutig. Sie begreift, dass sie auf diesen Ball muss und trifft die Entscheidung, ihren Partner treffen zu wollen.

Sie glaubt jedoch, dafür die Erlaubnis der Mutter einholen zu müssen. Sie ist innerlich immer noch abhängig von ihr und autoritätsgläubig, auch wenn sie, wie wir wissen, nur eine Pseudoautorität darstellt. Jene aber sieht Aschenputtel so, wie alle Welt sie sieht - voll Staub und voll Schmutz - und sie hat recht: So kann Aschenputtel wirklich nicht zum Ball des Königs gehen. Dass all der Staub und Schmutz, der an Aschenputtel haftet, auch etwas mit ihr als Mutter, mit ihrer Erziehung zu tun haben könnte, würde sie nie in Erwägung ziehen. Nie macht sie sich Gedanken um Aschenputtel, denn deren Zustand ist für sie nicht nur beschämend, sondern gereicht ihr und ihren gleichgesinnten Töchtern durchaus zum Vorteil. Sie leben gut von Aschenputtels trauriger Verfassung. Wieso sollten sie helfen, irgendetwas zu ändern?! Dann müssten sie ja selber etwas tun! Nein, hier darf nichts angetastet werden.

Aschenputtel hat sich in all den Jahren aus der Sicht ihrer Familie nicht verändert. Mit ihrem unterwürfigen, angepassten Wesen ist sie eine Wohltat für alle Welt. Keiner ahnt, dass unter der Schmutzschicht langsam eine neue, königliche Persönlichkeit heranwächst. Keiner will und darf zu seinem eigenen Besten das, was unter der Maske steckt, sehen, sonst müssten sie ja ihr Verhalten Aschenputtel gegenüber verändern.

Diese Geschichte ist die Geschichte Aschenputtels und wird aus deren Sicht erzählt. Mit der Einladung an den Königshof bzw. mit der Möglichkeit, ihren Dualpartner kennenzulernen, kommt Aschenputtel in eine Situation, in der sie mit „gut und fromm sein" nicht weiter kommt. Sie spürt das, und zum ersten Mal wagt sie, eine Anordnung nicht einfach hinzunehmen. Sie weiß, dass sie jetzt kämpfen und all ihre Kräfte mobilisieren muss.

Als die Stiefmutter ihre Bitte abschlägt, mit zum Fest gehen zu dürfen, indem sie Aschenputtel ihren bedauernswerten Zustand vor Augen führt, zieht das Mädchen sich nicht in die Asche zurück und weint. Es bittet einfach weiter. Aschenputtel beweist zum ersten Mal Mut und Rückgrat und bleibt vor der Stiefmutter stehen. Sie weicht nicht zurück, obwohl sie doch wirklich voll Schmutz und Asche ist. Sie weiß als einzige, dass in ihr mehr steckt, als sie bisher nach außen gezeigt hat, auch wenn dies für andere noch ein Geheimnis ist. Sie möchte versuchen, die Bedingung zu erfüllen, die an die Einladung geknüpft ist, nämlich schön zu sein. Und innere Schönheit sollte die Möglichkeit bekommen, auch nach außen zu strahlen. Sie kann sich das vorstellen. Ihr Selbstbewusstsein ist gewachsen, aber sie braucht, wenn sie etwas für sich tun will, noch immer die Erlaubnis anderer.

Die Stiefmutter aber ist feige und geht einer direkten Auseinandersetzung mit Aschenputtel aus dem Weg. Sie gebraucht ihre Autorität und ihre Macht, um ihre Tochter nicht freigeben zu müssen. Mit einem scheinheiligen Versprechen will sie sich aus der Verantwortung ziehen. Sie macht ihre Erlaubnis von der Lösung einer Aufgabe abhängig, von der sie glaubt, dass Aschenputtel ihr nie und nimmer gewachsen sei. Sie sieht in dem Mädchen nur das angepasste und hilfsbereite Dummchen, ein traurig mit den Holzpantoffeln klapperndes Puttel, ihr zu Diensten. Und obwohl das Mädchen über die Wichtigkeit des Balles Bescheid weiß, kann es ohne Erlaubnis der Stiefmutter nicht einfach gehen. Die alten Programme halten es in eiserner Hand. Es kann nicht anders: ohne Erlaubnis kein Partner!

Die Stiefmutter gibt ihr eine Aufgabe, von der sie denkt, dass sie für die Tochter unlösbar sei. Sie schüttet eine Schüssel Linsen in die Asche, die Aschenputtel in kurzer Zeit wieder auslesen soll. Und die Tochter geht darauf ein, immer noch bereit, an die Ehrlichkeit der Mutter zu glauben.

Linsen auszulesen mag durchaus eine sinnvolle Aufgabe sein, aber die Linsen vorher in die Asche zu schütten, zeugt schon von erschreckender Boshaftigkeit. So versucht die Mutter sich mit aller Macht gegen Aschenputtels Veränderungswunsch, denn darauf läuft es ja hinaus, zu stellen. Sie gibt der frommen und guten Tochter eine Aufgabe, die sie nur bewältigen kann, wenn sie über den eigenen Schatten springt, nämlich aufhört, nur fromm und gut zu sein. Zur Lösung dieser Aufgabe sind andere Eigenschaften gefragt, von denen die Mutter denkt, dass Aschenputtel sie nicht besitzt. Offensichtlich gibt es da ja doch eine geheime Angst, in Aschenputtel könne ein Mädchen verborgen sein, das ihre Lieblingstöchter in den Schatten stellt. Auf dieses Experiment will sie sich lieber nicht einlassen.

Ein Aschenputtel ist daran gewöhnt, immer erst etwas leisten zu müssen, bevor es etwas bekommt. Es hat aus Erfahrung gelernt, dass nichts umsonst ist. Deswegen nimmt das Mädchen die Aufgabe an.

VIII
Aschenputtel stellt sich den Anforderungen

Das Mädchen ging durch die Hintertür nach dem Garten und rief: „Ihr zahmen Täubchen, ihr Turteltäubchen, all ihr Vöglein unter dem Himmel, kommt und helft mir lesen,

die guten ins Töpfchen,

die schlechten ins Kröpfchen.“ Da kamen zum Küchenfenster zwei weiße Täubchen herein und danach Turteltäubchen, und endlich schwirrten und schwärmten alle Vöglein unter dem Himmel herein und ließen sich um die Asche nieder. Und die Täubchen nickten mit den Köpfchen und fingen an pick, pick, pick, pick, und da fingen die übrigen auch an pick, pick, pick, pick und lasen alle guten Körnlein in die Schüssel. Kaum war eine Stunde herum, so waren sie schon fertig und flogen alle wieder hinaus. Da brachte das Mädchen die Schüssel der Stiefmutter, freute sich und glaubte, es dürfte nun mit auf die Hochzeit gehen. Aber sie sprach: „Nein, Aschenputtel, du hast keine Kleider und kannst nicht tanzen: du wirst nur ausgelacht.“ Als es nun weinte, sprach sie: „Wenn du mir zwei Schüsseln voll Linsen in einer Stunde aus der Asche rein lesen kannst, so sollst du mitgehen“, und dachte: „Das kann es ja nimmermehr.“ Als sie die zwei Schüsseln Linsen in die Asche geschüttet hatte, ging das Mädchen durch die Hintertür nach dem Garten und rief: „Ihr zahmen Täubchen, ihr Turteltäubchen, all ihr Vöglein unter dem Himmel, kommt und helft mir lesen,

die guten ins Töpfchen,

die schlechten ins Kröpfchen.“ Da kamen zum Küchenfenster zwei weiße Täubchen herein und danach die Turteltäubchen, und endlich schwirrten und schwärmten alle Vöglein unter dem Himmel herein und ließen sich um die Asche nieder. Und die Täubchen nickten mit ihren Köpfchen und fingen an pick, pick, pick, pick, und da fingen die übrigen auch an pick, pick,

pick, pick und lasen alle guten Körner in die Schüsseln. Und eh eine halbe Stunde herum war, waren sie schon fertig und flogen alle wieder hinaus. Da trug das Mädchen die Schüsseln zu der Stiefmutter, freute sich und glaubte, nun dürfte es mit auf die Hochzeit gehen. Aber sie sprach: „Es hilft dir alles nichts: du kommst nicht mit, denn du hast keine Kleider und kannst nicht tanzen; wir müßten uns deiner schämen." Darauf kehrte sie ihm den Rücken und eilte mit ihren zwei stolzen Töchtern fort.

Im letzten Abschnitt haben wir erlebt, dass Aschenputtel nicht mehr nur den lieben Gott bittet, ihre Wünsche zu erfüllen, sondern diese auch offen der Familie gegenüber ausspricht. Sie sorgt sich zwar weiterhin um andere und hilft, wo man sie benötigt, aber sie fängt auch an, für sich etwas zu fordern und Hilfe zu verlangen: Sie sagt der Mutter, was sie will, und bittet später die Vögel um Beistand. Langsam kommt sie aus ihrer passiven Haltung in die Aktivität. Ob dieses neue Verhalten nur mit der Einladung zum Königshof in Zusammenhang steht oder ob sie schon vorher Forderungen aussprach, wissen wir nicht. Klar ist jedoch, ihre Stiefmutter rechnet damit, dass sie schnell in altes Verhalten zurückfällt, wenn mit Schwierigkeiten und Widerständen zu rechnen ist.

Aschenputtel hat aber im Laufe der Zeit ihre Willenskräfte entwickelt. Sie ist mittlerweile eine erwachsene Frau. Und ihr Wille, zum Fest zu gehen, ist ein echter Wille, kein kindisches Wollen. Er gleicht einem Motor aus der Tiefe, aus unterbewussten Schichten, der durch Wunsch und Vorstellung geleitet wird. Er ist kein Eigenwille, der nur Vorteile sucht, kein Selbstkommando des Bewusstseins.

Vom Bild „Die Braut des Prinzen" in ihrem Unterbewusstsein geführt, entwickelt sie nun Vertrauen und Kraft, damit sich dieses innere Bild in der Außenwelt verwirklicht. Sie erkennt, dass das die Chance zur Veränderung ihres Lebens ist. Und diese wird sie ergreifen. Alles andere wäre Stillstand und damit Tod.

Aschenputtel nimmt die Herausforderung des Erbsenlesens an. Sie jammert nicht, die Aufgabe sei zu schwer, denn sie ist arglos. Sie würde der Stiefmutter nie eine Gemeinheit unterstellen. Ich denke, sie weiß mittlerweile, dass diese gar nicht anders kann. Es ist aber nun keine Zeit mehr zu verlieren, und so macht sie sich sofort an die Arbeit, holt sich dazu jedoch Hilfe. Sie hat sich weiterentwickelt und ist intelligent genug, diese schwierige Aufgabe nicht nach hergebrachter Art lösen zu wollen, nach der Art, wie die Mutter diese lösen würde. Das würde sie nicht weiterbringen und viel zu lange dauern. Nie würde sie in der verbleibenden Zeit bis zum Fest fertig werden. Man kann diesen Auftrag auch nicht bis in alle Ewigkeit hinauszögern, sonst ist der Zeitpunkt verpasst.

Mit voller Konzentration und ohne Ablenkung geht sie an die Arbeit - die Vöglein versammeln sich alle um den Herd. Die Tauben und die anderen Vögel sind Symbole für ihre Gedanken: die weißen Täubchen für die Reinheit ihrer Gedanken, die Turteltäubchen für die liebevolle, positive Einstellung. Mit Logik und Intuition weiß Aschenputtel die Aufgabe zu lösen. Die Arbeit, um die es sich hier handelt, ist nicht in erster Linie Handarbeit, sondern schwerste Gedankenarbeit, bevor man zum Handeln kommt. Aber sie hat gelernt genau hinzuschauen, zu unterscheiden und zu entscheiden, was ihr nun von Nutzen ist, denn alle Linsen sehen unter einer Ascheschicht erst einmal gleich aus.

Linsen sind Hülsenfrüchte, sie sind aber auch Samenkörner, aus denen neue Früchte entstehen können. Aschenputtel muss zwischen dem unterscheiden, was Kraft für die Zukunft in sich birgt, was Energie hat, und dem, was schon tot ist, obwohl noch nicht begraben. Durch das Arbeiten an der gestellten Aufgabe wird sie eine immer reifere Persönlichkeit und entwickelt durch das erfolgreiche Lösen immer größeres Selbstwertgefühl und Selbstbewusstsein.

In dieser Phase muss sich Aschenputtel wieder einmal mit dem, was die Mutter ihr zuteilt, auseinandersetzen: Es sind die vielen Lebensweisheiten der mütterlichen Generation, der Vergangenheit, die sie nicht ungeprüft übernehmen darf. Denn diese sind für ihr Leben, eine Generation weiter, nur zum Teil fruchtbar. Das Mädchen muss erkennen, welcher Same (=Gedanke) noch Früchte tragen kann und welcher sein Leben eher vergiftet und den Fluss der Energien blockiert. Es begreift, dass es die Gedanken anderer Menschen und im besonderen der Mutter nicht ungeprüft übernehmen darf. Manche Gedanken sind falsch, auch wenn Autoritätspersonen sie aussprechen, oder zumindest nicht gültig für das eigene Leben, wenn sie die Persönlichkeitsentwicklung behindern.

Im Märchen erhält Aschenputtel ihre Aufgaben ausschließlich von der Mutter bzw. Stiefmutter zugeteilt. Wenn ich aber in meiner Interpretation davon ausgehe, dass Aschenputtel mittlerweile eine erwachsene Frau ist, wird das so sicher nicht mehr stimmen. Hier ist mit „Mutter" natürlich auch alles gemeint, was von früheren Generationen, was als Erbe auf uns zukommt und Verpflichtung wird. In jedem Fall zutreffend ist, dass bestimmte Themen, die auf sie im Leben warten, für sie problematisch werden, egal wie alt sie ist. Sie wurde durch die Erlebnisse im Elternhaus geprägt, hat in ihrer Vergangenheit eine ganz bestimmte Erziehung durch Eltern, Lehrer und sonstige Vorbilder genossen und daraus ihre Schlüsse gezogen und ihre Überzeugungen gewonnen. Und mit genau diesen „Programmierungen" wird sie auf all das reagieren, was auf sie zukommt.

Wir wissen aus den vorherigen Abschnitten, dass Aschenputtel den Weg der Selbsterkenntnis und Selbstentfaltung geht. In diesem Kapitel beginnen wohl die Lebensaufgaben, die mit der Reifeprüfung gleichzusetzen sind. Jetzt kann sie zeigen, was sie gelernt hat. Kann sie eigenständig denken und sich abkoppeln von dem Gedankengut der Masse und der Vergangenheit? Kann sie sich über die Verbote der Mutter hinwegsetzen, wenn sie erkennt, dass diese sie nur hindern und ihren eigenen Weg gehen?

Bei allem, was sie tut, spürt sie die Gebote der Vergangenheit, und die fordernden Sprüche früherer Erzieher sitzen ihr im Nacken und bereiten ihr sicher schlaflose Nächte. Sie kommt in spannungsgeladene Konflikte mit nervenaufreibenden Situationen. Sie muss nun Entscheidungen treffen.

Wenn man Entscheidungen treffen muss, gibt es mindestens zwei Möglichkeiten, wie man vorgehen kann. Die eine Möglichkeit für Aschenputtel ist, auf die Anforderung so zu reagieren, wie in der Vergangenheit darauf reagiert worden wäre oder wie es die Mutter verlangen würde. Die zweite Möglichkeit kommt nur dadurch ins Spiel, dass sie angefangen hat nachzudenken über das „Warum, Wieso und Wohin des Lebens" und im Besonderen mit ihrem Leben. Nun sieht die Sache nicht mehr so einfach aus. Jetzt gibt es einmal die Forderung der Mutter und der Vergangenheit und dann noch die Forderung des eigenen Lebens, auch nach Vorne zu schauen, und damit den Konflikt. Und sie muss ihr Wissen, das bisher reine Theorie für sie war, anwenden, will sie den nächsten Schritt machen.

Im Märchen löst das Mädchen die von der Mutter gestellte schwere Aufgabe. Trotzdem darf es nicht zum Ball mitgehen. Die Stiefmutter gibt vor, um das Wohl des Mädchens besorgt zu sein und meint, Aschenputtel werde nur ausgelacht. Die Abweisung aber muss nach erfüllter Pflicht eine große Enttäuschung gewesen sein: So schnell lassen sich die Prägungen der Vergangenheit also nicht löschen.

Der Kampf geht weiter. Denn die Mutter schüttet ein zweites Mal Linsen in die Asche. Mehr Linsen sind in noch weniger Zeit zu verlesen. Die nächste Aufgabe ist noch schwieriger. Aschenputtel, die sich schon am Ziel glaubte, nimmt diesen Auftrag von der Mutter erneut an. Die totale Loslösung ist also noch nicht erfolgt. Die Mutter ist immer noch stark und übermächtig und die Vergangenheit hält Aschenputtel im Bann.

Und wieder schafft es die Tochter, die mühevolle Aufgabe zu lösen, was ihr die Mutter nie zugetraut hätte. Wieder wähnt sie sich am Ziel ihrer Wünsche, denn sie hat ihre Pflicht erfüllt. Qualvoll muss sie jedoch erkennen, dass die Mutter nie freiwillig die Macht über sie aufgeben wird und Interessen hat, die mit denen der Tochter nicht übereinstimmen. Sie kann und will sie nicht loslassen.

„ ... du hast keine Kleider und kannst nicht tanzen: du wirst nur ausgelacht." heißt es beim ersten Mal und dann „ .... wir müssten uns deiner schämen." Die Mutter macht der Tochter den Vorwurf, keine eigenständige Persönlichkeit zu sein, sich schlecht zu präsentieren und sich im Gespräch mit anderen nicht ausdrücken zu können und distanziert sich so von ihr. Und wenn Aschenputtel sich so ansieht, muss sie der Mutter recht geben. Bisher ist es ihr nicht gelungen, die innere Entwicklung auch nach außen zu zeigen. Daran muss nun gearbeitet werden. Da gibt es noch einige Fähigkeiten zu entwickeln: Irgend jemand sagt uns also immer, was uns noch fehlt!

Eiskalt, ohne jegliches Mitleid, aber mit dem Gefühl im Recht zu sein, geht die Stiefmutter mit ihren wahren Töchtern zum Ball.

IX
Das golden und silbern Kleid

Als nun niemand mehr daheim war, ging Aschenputtel zu seiner Mutter Grab unter dem Haselbaum und rief:
„Bäumchen rüttel dich und schüttel dich,
wirf Gold und Silber über mich.“
Da warf ihm der Vogel ein golden und silbern Kleid herunter und mit Seide und Silber ausgestickte Pantoffeln. In aller Eile zog es das Kleid an und ging zur Hochzeit. Seine Schwestern aber und die Stiefmutter kannten es nicht und meinten, es müßte eine fremde Königstochter sein, so schön sah es in dem goldenen Kleide aus.
An Aschenputtel dachten sie gar nicht und dachten, es säße daheim im Schmutz und suchte die Linsen aus der Asche.

Wiederholt hat Aschenputtel die an sie gestellten schwierigen Aufgaben in dem Glauben gelöst, dafür von der Mutter die Erlaubnis zu bekommen, auf das Fest des Königs gehen zu dürfen. Jetzt muss sie schmerzlich erkennen, dass diese Vorstellung nicht stimmt. Denn das, was sie tat, um die Mutter gnädig zu stimmen, hat sie nur da festgehalten, wo sie war. Sie ist ihrem Ziel keinen Schritt näher gekommen. Diese Arbeit hat sie keineswegs vorbereitet für das Brautwahlfest, und vor lauter „gut und fromm“ Sein, blieb ihr dafür auch gar keine Zeit. Sie ist immer noch dieselbe Magd, was dem Lösen der mütterlichen Aufträge durchaus dienlich ist. Und sie kann davon ausgehen, dass die Mutter immer wieder neue Arbeit für sie haben wird.

Diese sich wiederholenden Erlebnisse mit frustrierendem Ausgang, weil sie Aschenputtel ihrem Ziel nicht näherbringen, und das Erkennen, allein und auf sich selbst angewiesen zu sein, bringen eine in ihr bisher unbekannte, mächtige Kraft zum Durchbruch. Endlich begreift sie ihr ganzes Leid, hervorgerufen durch ihre todbringende Abhängigkeit.

Und langsam kommt sie dahinter, dass ihr die Mutter die Erlaubnis, auf das Fest zu gehen, gar nicht geben kann. Diese Entscheidung ist von ihr selbst zu treffen, sie liegt nur in ihrer Hand, sie kann sie nicht abgeben. Allerdings muss sie dann auch handeln und die Verantwortung für ihr Tun übernehmen. Dadurch wird sich jedoch ihr Leben verändern, und das wiederum macht Angst. Denn von diesem Entschluss sind auch die anderen Familienmitglieder betroffen.

Aschenputtel trifft mutig die Entscheidung. So wird Energie frei, die sie fähig macht, ihre innere unheilvolle Bindung an die Mutter, an deren Schicksal und damit auch an ihre Vergangenheit zu lösen: Das problematische Band zur Mutter wird durchgeschnitten. Sie wird frei, indem sie die unheilvollen angelernten Muster erkennt und ihre Strukturen durchbricht. Jetzt ist es Zeit, die immer wieder gleichen Gedanken zu stoppen und neue schöpferische zu kreieren. So kann sie aufhören, das Leben ihrer Mutter mit seinen Aufgaben zu wiederholen und damit das mütterliche Schicksal in ihrem Leben beenden. Erkennend, dass sie nicht zwingend Opfer sein muss, steigt sie aus dem „Opfer-Täter Spiel" aus. Sie löst sich aus der Vergangenheitsbezogenheit, zieht ihren Kopf aus den Wolken der Illusionen und wird sich ihrer Lage in der Gegenwart bewusst. Jetzt ist sie stark genug, um für die Folgen dieser Entscheidung einzustehen. Sie sieht, wie sie wirklich ist, und nicht nur, was sie sein könnte, wenn man sie nur ließe.

Die Mutterbindung wird geopfert, die Wandlung kann erfolgen.

Die Aufgabe, die sie nun hat, wird ihr zwar durch die Mutter klargemacht, hat aber mit dieser nicht mehr direkt etwas zu tun. Denn die Mutter kann nur Aufgaben stellen, die sie mit der Vergangenheit verbinden.

Sobald die Ablösung gelungen ist, kommt man in die Gegenwart und hat nun die Möglichkeit eine Zukunft zu erschaffen, die von der Vergangenheit abgekoppelt ist. Findet diese Loslösung jedoch nie statt, sind Gegenwart und Zukunft immer nur ein Abklatsch der Vergangenheit.

Wenn wir mit der Vorbereitung einer neuen Zukunft beschäftigt sind, kommen wir auch mit dem Thema „Vater" in Verbindung. Wie das Symbol „Mutter" der Vergangenheit zugeordnet ist, so hat das Symbol „Vater" unter anderem etwas mit der Zukunft zu tun. Und wie wir später sehen, spielt der Vater im weiteren Geschehen wieder eine wichtige Rolle.

Aschenputtel ist also nun alleine zu Hause, das heißt, sie ist auf sich allein gestellt. Die Mutter ist nicht mehr da. Sie kann nichts mehr fordern und sie nicht mehr im Haus festhalten. Es gab auch keine neuen Aufgaben mehr vor ihrem Abgang mit den Schwestern zum Schloss. Das zeigt, dass die Mutterproblematik tatsächlich gelöst ist. Jetzt kann und muss Aschenputtel, ohne Wenn und Aber, die Realität sehen. Niemand ist mehr „schuld". Nichts hält sie mehr zurück. Das, was jetzt zu tun ist, ist einzig und allein ihre Angelegenheit.

Wir wissen, sie träumt vom Prinzen und wird von seinem inneren Bild geführt. Die Frage, die sie sich nun stellen muss, ist: „Wie wird man eine wirkliche Prinzessin, eine Frau von Adel? Wie kann man sich so veredeln, dass man einem Prinzen ebenbürtig ist?" Damit muss sie sich nun auseinandersetzen. Aber sie weiß zu diesem Zeitpunkt bereits, sich veredeln und zu innerem Adel kommen geht nur durch Weiterentwicklung ihrer Persönlichkeit. In ihrem Fall heißt das, Talente zu entwickeln, die in ihrem bisherigen Leben nicht gefordert waren. Und das ist nicht leicht, denn sie könnte auch in ihrem kleinen Kreis bleiben. Keiner hindert sie. Was ist also zu tun?

Aus vorherigen Kapiteln wissen wir, dass Aschenputtel ein religiöses und frommes Mädchen ist, und wenn es nicht mehr weiter weiß, dann gibt es für sie immer noch eine Möglichkeit um Hilfe zu bitten. Allerdings weiß davon nicht jeder Mensch. Sie hat einen Ort, geschaffen in Kinderzeit, an den sie sich zurückziehen kann. Hier kann sie um alles bitten. Und sie weiß, dass von da nun die einzig mögliche Hilfe kommt.

Da, wo einst nur ein Grab war, das Andenken an die verstorbene gute Mutter, steht nun der lebensvolle Baum, das Symbol für Aschenputtels Wachstum und Größe. Aus der Liebe zur guten Mutter und der Trauer nach deren Verlust hat sich mit Hilfe des Vaters Leben entwickelt, Leben, das tief wurzelt in der Mutter Erde: Das Mädchen ist sich seiner Vergangenheit bewusst und damit versöhnt. Es hat auch die andere, die negative Seite der Mutter kennengelernt. Und indem sie die Aufträge der Mutter erfüllt hat, hat sie sich mit dieser auseinandergesetzt und das Erfahrene als Schicksal akzeptiert.

Ihr Leben wird sich nun verändern und aufhören, immer

wieder die gleichen Kreise zu ziehen. Durch die Auflösung der Mutterproblematik können nun andersartige Aufgaben auf sie zukommen, durch deren Bewältigung sie sich ihrem Ziel immer mehr nähert. Aschenputtel ist bereit, diese anzunehmen und in der Gegenwart mutig zu handeln, um damit in die Zukunft zu wachsen. Sie erkennt ihr wunderbares Leben mit all seinen Möglichkeiten, das in voller Blüte steht, und ist endlich bereit, es auch leben.

Wie sieht ihr bisheriges Leben aus? Sie lebte hauptsächlich für die Bedürfnisse der anderen. Sie hat sich für ihre Familie eingesetzt, sich aber auch im Laufe der Jahre viel Wissen angeeignet. Sie hat Demütigungen ertragen und auch das Leid erduldet, in ihrem Wesen nicht anerkannt zu werden. Und sie hat viele Prüfungen bestanden. Nichts war zuviel für sie und nie ist sie wirklich zusammengebrochen. Trotzdem blieb ihr innigster Wunsch, nämlich den Prinzen zu treffen, unbefriedigt. Jetzt, da die Vergangenheit sie nicht mehr in den Klauen hat, könnte sie all ihre Energien darauf verwenden, diesen in der Welt zu suchen. Tut sie das jedoch, wird sie aktiv, wird sie nur Frustration erleben, denn sie wird ihn nicht finden. Die Zusammenführung der Dualpartner macht nur Gott.

Sie muss die Idee der erwachsenen Frau, in diesem Fall aktiv zu werden, loslassen, und den Allmachtsgedanken, selbst zur Wunscherfüllung beitragen zu können, abgeben. Das einzige, was sie tun kann, ist, sich der Quelle zuwenden, Gott um Hilfe bitten, dann bekommt sie genau das Wissen, das Schritt für Schritt für eine Begegnung nötig ist.

Für Aschenputtel nähert sich nun ein langer und harter Weg seinem Ende. Denn sie tut das einzig richtige, sie geht unter den Haselbaum und wendet sich vertrauensvoll an die richtige Stelle. Und ihre Bitte wird erhört.

Es ist ein Akt der Gnade, wenn wir vom Schicksal so geführt werden, dass unser hybrides Ego letztendlich aufgibt und stille wird. So versetzen wir uns in die Lage, irgendwann den Durchbruch zum Wesen, zu unserem göttlichen Selbst zu schaffen, wie Karlfried Graf Dürckheim, Philosoph und Psychologe, diese Einswerdung nennt.

Jetzt endlich, nachdem sie es aufgegeben hat, selber etwas zur Erfüllung ihres Wunsches beizutragen, kommt es zur ersten großen Belohnung für ein Leben voller Arbeit und Verzicht. Sie weiß nun, dass mehr in ihr steckt als nur diese graue Duldermaus, die die anderen Menschen sehen.

Und eines Nachts hat Aschenputtel einen wunderschönen Traum. Sie empfängt vom weißen Vogel ein neues Kleid mit dazugehörigen Pantoffeln, das sie in den Stand setzten soll, ihrem Prinzen zum ersten Mal zu begegnen. Mutig zieht sie sich dieses Traumkleid an, steigt in die noch fremden Pantoffeln und eilt zum Fest. Es ist keine Zeit mehr zu verlieren hat.

Ich interpretiere die drei Begegnungen mit dem Prinzen auf dem Schloss und der anschließenden Suche des Prinzen nach seiner Tänzerin als Träume Aschenputtels.

Dieser erste Traum zeigt Aschenputtel, dass der Ausdruck ihrer nun gewonnenen Persönlichkeit ein Kleid aus Silber und Gold ist. Gold und Silber sind Symbole für Sonne und Mond, für männlich und weiblich, das heißt, Aschenputtel hat beide Pole in sich vereinigt. Sie hat die Fähigkeit erworben zu entscheiden, männlich aktiv zu agieren oder weiblich passiv zu reagieren. Und sie kann auch unterscheiden, zu welcher Zeit Aktivität oder Passivität angesagt sind. Den grauen Kittel lässt sie erst einmal am Grab zurück: Die indifferente Haltung, weder schwarz noch weiß, muss Vergangenheit werden. Die passenden Pantoffeln sind nicht mehr aus missmutig klapperndem, schwerem Holz, es sind die leichten Pantoffeln einer vornehmen kreativen Dame, mit Seide und Silber ausgestickt. Aschenputtel ist eine schöne, aber noch eher zaghaft und leise auftretende Frau, die ihre neue Rolle erst erproben muss.

Die Schwestern und die Stiefmutter kannten sie nicht, heißt es im Märchen, so schön war sie. Hier zeigt der Traum, dass diese sich nie wirklich die Mühe machten, Aschenputtel kennen zu lernen und in eine echte Beziehung zu ihr zu treten. Sie ahnen nichts von deren Veränderung, die sich langsam im Hintergrund und doch direkt vor ihren Augen vollzieht. Und Aschenputtels Schwerfälligkeit, sich kommunikativer und spielerischer zu zeigen, hat wohl zusätzlich den Wunsch einer Annäherung bei den Frauen erst gar nicht aufkommen lassen.

X

Erste Begegnung mit dem Königssohn und das Taubenhaus

Der Königssohn kam ihm entgegen, nahm es bei der Hand und tanzte mit ihm. Er wollte auch sonst mit niemand tanzen, also daß er ihm die Hand nicht losließ, und wenn ein anderer kam, es aufzufordern, sprach er: „Das ist meine Tänzerin."

Es tanzte bis es Abend war, da wollte es nach Hause gehen. Der Königssohn aber sprach: „Ich gehe mit und begleite dich.", denn er wollte sehen, wem das schöne Mädchen gehörte. Sie entwischte ihm aber und sprang in das Taubenhaus. Nun wartete der Königssohn, bis der Vater kam, und sagte ihm, das fremde Mädchen wär' in das Taubenhaus gesprungen. Der Alte dachte: „Sollte es Aschenputtel sein", und sie mußten ihm Axt und Hacken bringen, damit er das Taubenhaus entzweischlagen konnte; aber es war niemand darin. Und als sie ins Haus kamen, lag Aschenputtel in seinen schmutzigen Kleidern in der Asche, und ein trübes Öllämpchen brannte im Schornstein, denn Aschenputtel war geschwind aus dem Taubenhaus hinten herabgesprungen und war zu dem Haselbäumchen gelaufen: da hatte es die schönen Kleider abgezogen und aufs Grab gelegt, und der Vogel hatte sie wieder weggenommen, und dann hatte es sich in seinem grauen Kittelchen in die Küche zur Asche gesetzt.

Aschenputtel begegnet nun im Traum zum ersten Mal ihrem Prinzen. Und im Traum ist alles einfach. Keiner verhindert ihren Auftritt im Schloss. Das Fest scheint nur für sie veranstaltet zu sein. Selbstbewusst betritt sie den Saal als eine Frau, die sich ihrer Schönheit bewusst ist. Ohne Scheu und Hemmungen nimmt sie die angebotene Hand des Königssohnes, der sie zum Tanz führt. Es gibt für sie nichts Selbstverständlicheres. Aber auch für den Prinzen ist es keine Frage, dass sie es ist, die er gesucht hat. Der Mann erkennt in ihr die ihm ebenbürtige Frau und überlässt sie keinem anderen mehr. Aschenputtel hat es geschafft.

Und so begegnen sich in der Innenwelt, nach einem langen und steinigen äußeren Weg, zwei Seelenhälften als Mann und Frau, die sich wie Magneten anziehen.

Es heißt: Sie tanzen den ganzen Tag miteinander. Von Anfang an gibt es keine Schwierigkeiten auf der Traumebene für dieses Paar. Sofort verstehen sie es, in Gleichklang und in Harmonie zu sein. Sie haben denselben Rhythmus und tanzen die gleichen Schritte. Dies zeigt eine tiefe Verbundenheit, und ein großes Glücksgefühl kann entstehen. Es spiegelt sich auch in den Gesichtern der Liebenden, und sie werden zu einer Einheit. Dieses Glück trennt sie aber von den anderen Menschen und schließt diese aus.

Ein Tanz in dieser Form, wenn auch nur im Traum, ist nur möglich, wenn beide es verstehen, sich in einen vorgegebenen Rhythmus, in diesem Fall dem eigenen, einzuschwingen. Dabei sollte der Mann bereit und fähig sein, die Führung zu übernehmen und die Frau sich vertrauensvoll anpassen. Das funktioniert aber nur, wenn beide auf der Seelenebene dieselbe Schwingung haben. Es ist sehr anstrengend, mit jemanden zu tanzen, der den Rhythmus einer gemeinsamen Musik nicht aufnehmen kann, und jeder Versuch zu führen oder sich anzupassen muss misslingen. Dass der Tanz gelingt, bedeutet, dass der Prinz und Aschenputtel sich im Gleichklang einer gemeinsamen Musik drehen. Sie sind partnerschaftsfähig und gehören zusammen.

Der Prinz erkennt in Aschenputtel „seine Tänzerin", heißt es im Märchen, und er will sie mit niemanden mehr teilen. Von Aschenputtels Gefühlen hören wir hier nichts. Aber auch sie scheint bekommen zu haben, was sie sich wünschte. Denn sie zeigt sich einverstanden mit dem Verhalten des Prinzen, der nur noch mit ihr tanzen und sie keinem anderen überlassen will.

Doch auch der schönste Tanz ist einmal zu Ende und Aschenputtel muss nach Hause. Der erste Tag ist vorbei. Jetzt ist es Abend und Zeit Abschied zu nehmen. Der Königssohn begleitet sie, denn er will mehr über diese Frau wissen. Er will wissen, wem sie angehört, aus welcher Familie sie kommt. Aschenputtel aber will darüber keine Auskunft geben, springt in das Taubenhaus und kann ihm so entwischen.

Der Prinz wendet sich nun an Aschenputtels Vater, ohne zu wissen, mit wem er es zu tun hat. Er soll ihm helfen, das ihm noch fremde Mädchen zu finden.

Nach langer Zeit taucht im Traum wieder das Symbol des Vaters auf. Es ist also ein Traum, in dem die Weichen für die Zukunft gestellt werden. Der Vater ist aber auch ein Symbol für Schöpferkraft, und die ist dringend nötig, wenn die Geschichte weiter gehen soll.

Der Vater aber dachte: „Sollte es Aschenputtel sein?" heißt es weiter. Über den Traum erfährt Aschenputtel, dass ihr Vater sich durchaus vorstellen kann, dass diese Tochter die fremde Frau ist, die der Prinz sucht. Dies zeigt wieder, er sieht dieses Kind anders als seine Frau. Der erfolgreiche Geschäftsmann kann sich jedoch, aus welchen Gründen auch immer, in seiner Familie nicht durchsetzen. Hier herrscht seine Frau. Der Traum aber macht deutlich, wie Aschenputtels Vater wirklich über seine Tochter denkt und etwas von ihrer wahren Persönlichkeit ahnt. Wir wissen, bis zum Schluss des Märchens wird er nicht zum Stiefvater.

Im Traum wird er aber nun aktiv. Mit Axt und Hacke schlägt er das Taubenhaus entzwei, in das das fremde Mädchen gesprungen sein soll.

Aschenputtels Vater, als geschäftstüchtig und intelligent, aber selten zu Hause beschrieben, hat seiner Tochter vor langer Zeit einen Wunsch erfüllt. Er pflückte für sie den Haselzweig, den sie auf das Grab der Mutter pflanzte, aus dem im Laufe der Zeit der große, schöne Baum wurde. So hat der Vater ihr geholfen, ihre Persönlichkeitsentwicklung in Gang zu setzen. Und nun braucht ihn im Traum auch der Prinz, um seine Tänzerin wiederzufinden. Er hilft wieder, auf den ersten Blick jedoch sehr gewalttätig. Wir wissen aber, das Märchen hat ein happy end, deswegen muss das, was der Vater getan hat, hilfreich für seine Tochter gewesen sein.

Das Taubenhaus ist ein Miniaturhäuschen auf einem hohen Mast und steht ungefähr in gleicher Höhe mit dem Dach des Wohnhauses. Ziehen wir ein Haus als Symbol für den Körper des Menschen heran, so entspricht der Kopfbereich dem des Daches. Im Taubenhaus wohnen die Tauben, im Kopf unsere Gedanken. Es symbolisiert hier den Bereich der Gedanken, des

Intellekts.

Will man dieses Bild deuten, sieht man, dass Aschenputtel wohl in einer Phase ist, nach der Ablösung von der Mutter, in der sie versucht, mittels Vernunft und Denken ihr Leben in den Griff zu bekommen. Zu oft wurden ihre Gefühle verletzt, wenig Rücksicht wurde darauf von anderen Menschen genommen. Und so flüchtet sie sich in den Intellekt und fängt an zu rationalisieren. Sie hat noch nicht die Kraft, ihr wirkliches Wesen auf Dauer zu zeigen. Dadurch wird sie aber einseitig in ihrer Persönlichkeit, und so kann es noch keine endgültige Verbindung mit dem Prinzen geben. Mit dem Entzweischlagen des Taubenhauses aber wird ihr für die Zukunft die Möglichkeit eines Rückzugs in dieses ungefährliche Terrain genommen. Mit dieser Tat zeigt ihr der Vater im Traum, dass sie jetzt ihr wahres Wesen nicht hinter reiner Logik verstecken darf. Macht sie das und verdrängt ihre Gefühle, lebt sie nur halb und kann so auch ihre wahre Stärke, die Intuition, nicht zulassen.

Nach dieser wunderschönen nächtlichen Begegnung mit dem Prinzen findet sich Aschenputtel nach dem Erwachen wieder in ihrer alten Rolle. Das schöne Kleid musste sie zurücklassen, denn ein Traum verändert noch nichts. Und so zieht sie wie jeden Tag ihren zwar unansehnlich grauen, aber vertrauten Kittel an und nimmt den warmen Platz in der Küche an der Asche ein. Ihr im Traum empfundenes Selbstwertgefühl ist schnell verflogen und erneut tritt Unsicherheit an seine Stelle. Ihr Mut ist weg und Angst taucht auf, dass das, was sie im Traum gesehen hat, doch nicht Wirklichkeit werden könnte. Und schon sind die Minderwertigkeitsgefühle wieder da und machen sie klein. Plötzlich ist ihr Platz am Herd gar nicht mehr so unangenehm. Sie kennt ihn gut und er gibt ihr Sicherheit. Und außerdem war das ja sowieso nur ein Traum. Und sie macht das, was sie immer gemacht hat. Allerdings wird sie diesen Traum nie mehr vergessen. Und wenn sie ihn versteht, wird sie wissen, was nun zu tun ist.

XI
Zweite Begegnung mit dem Königssohn und der Birnbaum

Am andern Tag, als das Fest von neuem anhub und Eltern und Stiefschwestern wieder fort waren, ging Aschenputtel zu dem Haselbaum und sprach:
„Bäumchen rüttel dich und schüttel dich,
wirf Gold und Silber über mich." Da warf der Vogel ein noch viel stolzeres Kleid herab als am vorigen Tag. Und als es mit diesem Kleide auf der Hochzeit erschien, erstaunte jedermann über seine Schönheit. Der Königssohn aber hatte gewartet, bis es kam, nahm es gleich bei der Hand und tanzte nur allein mit ihm. Wenn die anderen kamen und es aufforderten, sprach er: „Das ist meine Tänzerin." Als es nun Abend war, wollte es fort, und der Königssohn ging ihm nach und wollte sehen in welches Haus es ging: aber es sprang ihm fort und in den Garten hinter dem Haus. Darin stand ein schöner großer Baum, an dem die herrlichsten Birnen hingen, es kletterte so behend wie ein Eichhörnchen zwischen die Äste, und der Königssohn wußte nicht, wo es hingekommen war. Er wartete aber, bis der Vater kam, und sprach zu ihm: „Das fremde Mädchen ist mir entwischt, und ich glaube, es ist auf den Birnbaum gesprungen." Der Vater dachte: „Sollte es Aschenputtel sein", ließ die Axt holen und hieb den Baum um, aber es war niemand darauf. Und als sie in die Küche kamen, lag Aschenputtel da in der Asche, wie sonst auch, denn es war auf der anderen Seite vom Baum herabgesprungen, hatte dem Vogel auf dem Haselbäumchen die schönen Kleider wiedergebracht und sein graues Kittelchen angezogen.

Und irgendwann, ich weiß nicht, wie viel Zeit vergangen ist, sind es Tage oder Jahre, trifft Aschenputtel erneut ihren Prinzen im Traum. Vom Seelenvogel erhält sie dafür ein anderes Kleid, das nicht näher beschrieben, jedoch noch viel stolzer als das vom ersten Balltag ist. Sie hat den ersten „Prinzentraum" also verstanden und sich weiterentwickelt, denn sonst könnte das Kleid, Ausdruck ihrer Persönlichkeit, nicht als noch stolzer beschrieben sein.

Der Ablauf des Festes ähnelt dem des Vortages. Im Traum spielt Zeit keine Rolle, in der Geschichte ist es der zweite Tag. Diesmal wird Aschenputtel aber vom Prinzen bereits erwartet. Zwischen den beiden Menschen scheint es genauso zu harmonieren wie beim ersten Treffen. Am Abend jedoch verhält sich der Prinz anders. Damit ihm seine Tänzerin nicht wieder entwischen kann, begleitet er sie nicht offiziell, sondern spioniert ihr nach, um herauszufinden, wo sie wohnt.

Auch er hat aus seinen Erfahrungen gelernt. Wie wir aber später sehen, ist die Zeit noch nicht reif, um Aschenputtels Herkunft herauszufinden, denn er verliert sie wieder. Der Traum zeigt, dass das Mädchen immer noch nicht bereit ist, seine Herkunft preiszugeben und seine Heimat aufzugeben. Denn es verschwindet dieses Mal behende kletternd im Birnbaum, wo die herrlichsten Birnen hängen, und entzieht sich so dem Prinzen. Dieser wartet wieder auf den Vater. Der denkt: „Sollte es Aschenputtel sein?" und haut mit der Axt den Baum um, ähnlich wie schon beim ersten Mal.

Es handelt sich hier also um einen Wiederholungstraum und er zeigt die Bedeutsamkeit und Dringlichkeit der Auseinandersetzung mit der „Prinzen"-Thematik. Er macht erneut auf diese aufmerksam und zeigt Aschenputtel die nächste Aufgabe.

Sie befindet sich nun jedoch in einer anderen Lebensphase als zur Zeit des ersten Traumes. Sie hat jetzt die Welt der Gefühle entdeckt und sich dort häuslich eingerichtet. Alles wird nun aus dem Bauch heraus gemacht und entschieden. Fühlt es sich angenehm oder unangenehm an? Nach diesen Kriterien bezieht sie sich auf die Erscheinungen der Außenwelt.

Die süße Birne ist aber auch ein ausgesprochen erotisches Symbol, voll von Sinnlichkeit und schmachtenden Gefühlen. Aschenputtel erlebt wohl gerade eine sehr gefühlsbetonte Zeit, in der auch Erotik eine große Rolle spielt, und benimmt sich wie ein kleines, putziges Eichhörnchen.

Wenn man sich zur Ganzheit hin entwickeln will, muss man auch seinen Gefühlsbereich kennen lernen, sich damit auseinandersetzen und in sein Leben integrieren. Und das Leben wird immer die richtigen Lektionen bereit stellen.

Die Zeit bleibt aber nicht stehen, und so bleibt es nicht aus, dass Phasen enden und das Schicksal wieder Aufgaben in ihr Leben bringt, die nicht nur gefühlsmäßig gelöst werden können. Und offensichtlich steht Aschenputtel gerade in so einer Situation, in der ihr der Traum weiterhelfen will. Da muss der Birnbaum weg, und das zeigt das radikale Fällen durch den Vater. Das Ziel dieser Aktion ist aber ihre Weiterentwicklung, die offensichtlich wieder einmal ins Stocken geraten ist.

Auch dieses Kapitel endet mit dem Zurücklassen des stolzen Kleides in der Traumwelt. Aschenputtel findet sich am Morgen wieder in ihrer alten Rolle, aber mit neuen Erkenntnissen.

XII
Dritte Begegnung mit dem Prinzen und Verlust des linken Pantoffels

Am dritten Tag, als die Eltern und Schwestern fort waren, ging Aschenputtel zu seiner Mutter Grab und sprach zu dem Bäumchen:
„Bäumchen rüttel dich und schüttel dich,
wirf Gold und Silber über mich."
Nun warf ihm der Vogel ein Kleid herab, das war so prächtig und glänzend, wie es noch keins gehabt hatte, und die Pantoffeln waren ganz golden. Als es in dem Kleid zu der Hochzeit kam, wußten sie alle nicht, was sie vor Verwunderung sagen sollten. Der Königssohn tanzte ganz allein mit ihm, und wenn es einer aufforderte, sprach er: „Das ist meine Tänzerin."
Als es nun Abend war, wollte Aschenputtel fort, und der Königssohn wollte es begleiten, aber es entsprang ihm so geschwind, daß er nicht folgen konnte. Der Königssohn hatte aber eine List gebraucht und hatte die ganze Treppe mit Pech bestreichen lassen: da war, als es hinabsprang, der linke Pantoffel des Mädchens hängengeblieben. Der Königssohn hob ihn auf, und er war klein und zierlich und ganz golden.

Und ein drittes Mal begegnet Aschenputtel im Traum ihrem Prinzen im Schloss. „Aller guten Dinge sind drei", heißt es schon im Volksmund. Die Zahl Drei taucht erneut auf, als Symbol eines schöpferischen Geschehens. Aschenputtel wird also nicht nur drei Mal diesen Traum geträumt haben, sondern viele Male im Laufe von Jahren und immer wieder neue Informationen bekommen haben. Denn die Vorbereitung auf das Zusammentreffen mit ihrem Dualpartner ist nicht einfach und bedarf besonderer Lektionen, um ihre Entwicklung voranzutreiben. Sie befindet sich ja in einem Prozess, der als Ziel die seelische Hochzeit einer Frau und eines Mannes hat, die ihre Entwicklung auf einer Ebene abgeschlossen haben.

Der dritte Tag des Festes läuft ein wenig anders ab als die vorherigen. Und das Kleid ist so prächtig und glänzend, wie Aschenputtel noch keins gehabt hat, heißt es. Wenn das erste Kleid an Sonne und Mond erinnert hat, so kann man bei diesem an den Glanz der Sterne denken. Denn eine Persönlichkeitsentwicklung führt symbolisch die Stufen der Hierarchie der Sternen - bzw. Planetenenergien hinauf.

Aschenputtel wurde in ihrem Leben mit Situationen konfrontiert, in denen sich die verschiedenen Planetenenergien ausdrückten. Durch Reflektieren und Begreifen wurde sie sich der verschiedenen Kräfte bewusst, die in ihr wirkten, und konnte so entsprechend handeln.

Planetenenergien stehen symbolisch für bestimmte Archetypen aus dem Kollektiven Unterbewussten. Das „Kollektive Unterbewusste" ist ein Begriff aus der Tiefenpsychologie. Die ersten wissenschaftlichen Forschungen verdanken wir Sigmund Freud, einem Wiener Arzt und Psychologen und Begründer der Psychoanalyse. Er beschäftigte sich hauptsächlich mit unserer Triebwelt, die direkt unter unserer Bewusstseinsschwelle liegt. Einer seiner Schüler, Carl Gustav Jung, ein Schweizer, entdeckte später unter dieser Triebwelt das „Persönliche Unterbewusste" und noch eine Schicht tiefer, das „Kollektive Unterbewusste". In diesem Teil des Unterbewussten finden wir den Niederschlag aller Menschheitserfahrungen. Es ist unsere innerste Welt, und diese wird im Leben und im Traum sichtbar als urtümliches Bild, als archetypisches Symbol.

Archetypen oder archetypische Symbole sind unser Ahnenerbe, das jedem Menschen von Geburt an mitgegeben wird. Ohne es zu wissen, werden wir von den Archetypen geführt und handeln ihnen entsprechend: Tiefster Lebensgrund und das typische Verhalten des Menschen bleiben sich gleich, wenn sie auch die für jeden Einzelmenschen bezeichnende individuelle Gestaltung haben. Wie das Wasser, das zu Schneekristallen werden kann, so verläuft auch das psychische Leben nach den Gesetzen unsichtbarer, leitender Formkräfte. Die Psychologie versucht diese bewusst zu machen.

Der Tierkreis in der Astrologie steht in einer engen Beziehung zu dieser Welt der Archetypen. Die Sterne bzw. die Planeten, symbolisch archetypische Kräfte, die den zwölf Tierkreiszeichen zugeordnet sind, prägen das Leben des Menschen, und auch das Leben des Menschen, mit der Wiederholung der Lebensprinzipien, prägt die Archetypen.

Durch die bewusste Begegnung mit diesen Kräften der Innenwelt in der Außenwelt werden wir angeschlossen an die Totalität unseres Seins, unseren göttlichen Ursprung. Wir können dadurch „ganz" werden.

Aschenputtel ist sich in diesem Stadium ihrer Entwicklung dieser Energien bewusst. Sie weiß, was es heißt, wenn Saturn, Pluto oder andere Planetenenergien an ihre Tür klopfen. Durch die Aufgaben, die ihr das Leben gestellt hat und durch ihre Bereitschaft immer weiter zu lernen und neue Erfahrungen zu machen, ist sie nun fähig, die verschiedenen Energien zu erkennen, entsprechend zu handeln und sie in ihr Leben zu integrieren. Deshalb sage ich, das Kleid, in dem sie am dritten Tag dem Prinzen gegenüber tritt und das ihre jetzige Identität widerspiegelt, glänzt wie die Sterne.

Sie weiß, dass sie viel mehr ist als nur ein Körper. Sie weiß, über ihre Seele ist sie mit unserem Schöpfer, Gott, verbunden. Sie strahlt dieses Wissen aus. Sie hat Charisma.

(Die Madonna, die heilige Frau, wird von Künstlern oft stehend auf der Sonne und der Mondsichel, mit einem Sternenkranz um den Kopf dargestellt.)

Aschenputtels Traumpantoffeln sind jetzt aus Gold. Ihr Standpunkt ist nicht mehr nur leise weiblich und wie auf Samt leicht zu überhören. Sie ist nicht mehr nur passiv und abwartend. Kraftvoll und leuchtend ist sie nun, wie Sonne, Mond und Sterne über uns, nicht mehr zu übersehen.

Am dritten Abend verlässt sie wieder das Fest. Noch ist die Hochzeit nicht gefeiert. Und wie wir sehen, gibt der Prinz nicht auf herauszufinden, woher die ihn ergänzende Frau kommt, wo er sie außerhalb des Schlosses, in der Realität finden kann. Er muss ihre Herkunft kennen, um sich mit ihr vermählen zu können.

Über diesen Traum erfährt Aschenputtel, dass ihr Dualpartner nun bereit ist, auch etwas zu tun, um sie zu finden und nichts mehr dem Zufall zu überlassen. Er nimmt sein Schicksal in die Hand. Der Vater wird nicht mehr benötigt. Der Prinz wird kreativ, will etwas erfahren, was auf normalem Wege offensichtlich nicht herauszufinden ist. Im Traum gebraucht er eine List: Er lässt die Treppe, die zum Schloss führt, mit Pech bestreichen. Und er hat mit dieser Aktion Erfolg, denn Aschenputtels linker Schuh bleibt daran kleben. So erhält er ein Erkennungsmerkmal, einen Pantoffel, klein, zierlich und golden. Übersetzt heißt das, er hat etwas getan, was ihn in den Besitz von Informationen über seine Dualpartnerin gebracht hat. Für Aschenputtel sieht das aber anders aus, denn es heißt, ihr Pantoffel ist hängen geblieben, sie hat etwas verloren.

Wir alle haben schon erfahren, dass wir sehr unglücklich waren, weil wir etwas verloren haben, weil uns etwas nicht geglückt ist. Und im Nachhinein hat sich herausgestellt, dass wir ohne dieses vermeintliche Pech nicht weitergekommen wären. Und genau so ergeht es Aschenputtel. Denn das, was für sie wie eine Tragödie aussieht, baut letztendlich die Brücke zum Prinzen. Jetzt kann er sich auf die Suche nach ihr und ihrem Zuhause machen. Alles weiß er leider nicht über sie, er kennt nur die Hälfte, er hat ja nur den linken Schuh. Er weiß über die inneren Werte seiner Frau Bescheid. Wie die Realität Aschenputtels allerdings aussieht, davon hat er keine Ahnung.

Und das, was für Aschenputtel im Traum erst tatsächlich wie „Pech" aussieht, ist in Wirklichkeit ihr Glück, aber das weiß sie jetzt noch nicht.

Der Traum zeigt ihr aber auch, dass sie selbst zur Zeit nichts mehr tun kann. Es gibt nichts, womit sie das Zusammentreffen mit ihrem Prinzen beschleunigen könnte. Sie kann nur das tun, was jeden Tag anliegt, und warten.

Und immer, wenn Aschenputtel traurig ist, weil nichts passiert, weil sie in ihrer Situation gefangen scheint, hört sie eine innere Stimme, die sagt: „Ziehe dein schimmerndes Kleid an, weine nicht mehr!".

XIII
Die falschen Bräute

Am nächsten Morgen ging er damit zu dem Mann und sagte zu ihm: „Keine andere soll meine Gemahlin werden, als die, an deren Fuß dieser goldene Schuh paßt." Da freuten sich die beiden Schwestern, denn sie hatten schöne Füße. Die Älteste ging mit dem Schuh in die Kammer und wollte ihn probieren, und die Mutter stand dabei. Aber sie konnte mit der großen Zehe nicht hineinkommen, und der Schuh war ihr zu klein, da reichte ihr die Mutter ein Messer und sprach: „Hau die Zehe ab: wann du Königin bist, so brauchst du nicht mehr zu Fuß zu gehen." Das Mädchen hieb die Zehe ab, zwängte den Fuß in den Schuh, verbiß den Schmerz und ging heraus zum Königssohn. Da nahm er sie als seine Braut aufs Pferd und ritt mit ihr fort. Sie mußten aber an dem Grabe vorbei, da saßen die zwei Täubchen auf dem Haselbäumchen und riefen:
„Rucke di guck, rucke di guck,
Blut ist im Schuck (Schuh):
der Schuck ist zu klein,
die rechte Braut sitzt noch daheim."
Da blickte er auf ihren Fuß und sah, wie das Blut herausquoll. Er wendete sein Pferd um, brachte die falsche Braut wieder nach Haus und sagte, das wäre nicht die rechte, die andere Schwester sollte den Schuh anziehen. Da ging diese in die Kammer und kam mit den Zehen glücklich in den Schuh, aber die Ferse war zu groß. Da reichte ihr die Mutter ein Messer und sprach: „Hau ein Stück von der Ferse ab: wann du Königin bist, brauchst du nicht mehr zu Fuß zu gehen." Das Mädchen hieb ein Stück von der Ferse ab, zwängte den Fuß in den Schuh, verbiß den Schmerz und ging heraus zum Königssohn. Da nahm er sie als seine Braut aufs Pferd und ritt mit ihr fort. Als sie an dem Haselbäumchen vorbeikamen, saßen die zwei Täubchen darauf und riefen:
„Rucke di guck, rucke di guck,
Blut ist im Schuck:

**der Schuck ist zu klein,
die rechte Braut sitzt noch daheim.
Er blickte nieder auf ihren Fuß und sah, wie das Blut aus
dem Schuh quoll und an den weißen Strümpfen ganz rot
heraufgestiegen war. Da wendete er sein Pferd und brachte
die falsche Braut wieder nach Haus. „Das ist auch nicht
die rechte", sprach er, „habt ihr keine andere Tochter?"**

Dieses Kapitel unterscheidet sich von den anderen Kapiteln des
Märchens. Die Hauptperson ist nicht Aschenputtel, sondern der
Prinz, der im Alltag auch „nur" ein Mensch ist. (Ich werde ihn
aber weiterhin „Prinz" nennen, denn für Aschenputtel ist es ihr
Prinz.) Wir sind hier Zeuge seines Suchens, das sich recht
schwierig gestaltet. Denn alle Frauen warten auf ihren „Prinzen"
und freuen sich, wenn da einer auftaucht und möchten sich mit
diesem verbinden. Der Prinz hat zwar von seiner wahren Braut
etwas in der Hand, er weiß etwas über sie, lässt sich aber immer
wieder von anderen Frauen verführen und so täuschen. Von
Aschenputtel hören wir in diesem Kapitel gar nichts. Von ihr
gibt es nichts Neues zu berichten. Sie bleibt weiterhin in der
Rolle der Küchenmagd.

Wir erleben hier den Part des männlichen Duals, der nicht
passiv bleiben darf, wenn es zur Hochzeit kommen soll. Für ihn
gilt es nun herauszufinden, wer „seine Tänzerin" in dieser Welt
ist. Er weiß, dass es nur eine einzige Frau sein kann, die genau
zu ihm passt. Mit dem goldenen Schuh in Händen, Sehnsucht
im Herzen und von einer inneren Stimme geführt, erscheint er
in Aschenputtels Nähe.

Ich gehe davon aus, dass auch der Prinz im Traum seiner
Prinzessin begegnet ist, aber diese in der Wirklichkeit zu finden
ist nicht leicht. Jetzt zeigen sich seine Unzulänglichkeiten, und
Hindernisse werden ihm dadurch in den Weg gelegt. Er muss
erst noch einiges über sich und die Menschen und deren Verhalten lernen. Das Schicksal gibt ihm, wie wir sehen, genügend
Gelegenheiten, hinter den Schein und hinter die Dinge zu
schauen, denn die Welt des Realen ist voller Täuschung. Wie
Aschenputtel glaubt auch er nur an das Gute und Schöne und
übersieht dabei genau wie sie, dass das Gute immer das Böse

herausfordert. Und so wird er schamlos von den ihm begegnenden machtgierigen Frauen hereingelegt, und das nicht nur einmal. Da er offensichtlich selbst niemanden täuschen würde, kann er sich gar nicht vorstellen, dass andere Menschen dies tun, um Vorteile zu erlangen. Hier zeigt er sich naiv und arglos und muss seine Menschenkenntnis erweitern. Und das Leben bringt auch ihn dazu an den richtigen Ort. Hier, Aschenputtel schon sehr nahe, findet er genügend Möglichkeiten, um diesen Lernprozess in Angriff zu nehmen. Auch er wird mit Menschen konfrontiert, die seinem Wesen fremd sind und deren Motivationen er deshalb nicht durchschauen kann.

Aschenputtels Stiefmutter und Stiefschwestern sind nur zu gern bereit, ihm die Lektion, die er jetzt braucht, zu erteilen. Sie kennen keine Moral und haben keine Scham, sich etwas anzumaßen, das ihnen nicht zusteht. Auf Geheiß der Mutter verstümmeln die Mädchen ihre Füße, um in den kleinen, zierlichen Schuh hineinzupassen, den ihnen der Prinz zur Probe anbietet. So wollen sie dem Bild der Frau entsprechen, die der Prinz ihrer Meinung nach sucht.

Eine haut die Zehe ab, die andere ein Stück der Ferse: Durch das Beschneiden ihres Fußes versuchen sie sich zu verwandeln. Diese gewaltsame Identitätsveränderung aber, nicht erreicht Schritt für Schritt durch Entwicklung, kann ihnen aber nur schaden. Denn durch diese Selbstverstümmelung, diese Zwangsanpassung, verlieren sie Blut. Sie verlieren ihre Lebenskraft und ihre Freude, und sie müssen ihren Schmerz verbeißen, damit niemand die Täuschung bemerkt. Sie müssen nun ein Leben führen, das ihnen nicht gemäß ist, und immer etwas vorgeben, was sie nicht sind. Das ist auf die Dauer sehr anstrengend und krankmachend.

Hier wiederholt sich mit Aschenputtels Schwestern das, was am Anfang des Märchens mit ihrer Mutter passierte. Auch diese konnte das ihr gemäße Leben nicht führen. Durch Selbstaufgabe versuchte sie sich den Gegebenheiten anzupassen, was ihr aber nicht gelang und sie in die Krankheit führte. Wie wir nun sehen, hat sie aber aus ihrer eigenen Geschichte nichts gelernt, denn jetzt verlangt sie das gleiche Verhalten von ihren Töchtern. Und so denkt sie bei diesem Betrug weder daran, was für Konsequenzen er für ihre Töchter hat, noch was er für den Prinzen bedeutet. Sie sieht nur die zu erwartenden Bequemlichkeiten und eine sorgenfreie Zukunft. Sie sieht nur die Vorteile, wenn sie sagt: „Wann du Königin bist, so brauchst du nicht mehr zu Fuß zu gehen." Hier haben wir es mit einer Frau zu tun, die durch ihre Ehe hauptsächlich einen bestimmten Status erhielt und gut versorgt wurde. Partnerschaft hat sie allerdings nicht erlebt. Aber das wissen wir bereits aus dem ersten Kapitel, es wird hier nur noch einmal bestätigt.

Der Prinz, verliebt und blind vor Glück darüber, dass der goldene Schuh scheinbar passt, hebt nacheinander zwei falsche Bräute auf sein Pferd und will sie zu sich nach Hause bringen, um sich mit ihnen zu vermählen. Wiederholt lässt er sich täuschen, er ist weltfremd. Er sieht nicht genau hin, handelt unüberlegt und viel zu schnell. Das Blut im Schuh hätte er, wenn schon nicht bei der ersten Braut, wenigstens bei der zweiten sofort bemerken können. Es geht ihm wie Aschenputtel. Auch er findet sich in Wiederholungen des Schicksals, bis er seine Lektion gelernt hat.

Im Märchen sieht es so aus, als wäre er bei diesen Prüfungen alleine und auf sich gestellt. Kein Mensch ist zu seiner Unterstützung da. Aber das stimmt nicht. Auch hier gibt es Helfer, die ihm die Augen öffnen. Es sind die Tauben, die auf Aschenputtels Haselbäumchen sitzen und ihn über seine falsche Wahl aufklären. Für ihn führt offensichtlich kein Weg am Grab der „guten Mutter" Aschenputtels vorbei, wenn er seine Braut nach Hause bringen will. Denn hier steht das Haselbäumchen, der Baum, der Aschenputtels Persönlichkeit symbolisiert. Und im Laufe der Zeit wird er wohl schmerzlich erkannt haben, dass weder die eine noch die andere Frau, auch wenn es auf den ersten Blick so aussah, seiner Prinzessin gleicht. Die Harmonie aus seinen Träumen stellt sich nicht ein. Und irgendwann kann er seine inneren Stimmen nicht mehr überhören und auch das Blut nicht mehr übersehen, das Leid der Frauen an seiner Seite. Er muss sich seinen Irrtum eingestehen. Enttäuscht, aber ohne zu protestieren, und auch ohne Rachegedanken wegen des Betrugs der Frauen, denn er erkennt seinen Anteil an der Tragödie, bringt er die unglücklichen Mädchen wieder in das Haus ihrer Mutter zurück. Für diese hat also keine Ablösung von der Mutter stattgefunden.

Auch dieses Geschehen wiederholt sich so lange, bis er begreift, dass die richtige Braut nicht so leicht zu finden ist und er noch eine Menge über sich, die Welt und andere Menschen zu lernen hat: Im Märchen ist erst der dritte Versuch ein Treffer. Wir kennen bereits die Bedeutung der Zahl Drei, das heißt, auch er hat noch einen längeren Entwicklungsweg vor sich, bis er Aschenputtel, seiner Prinzessin begegnen kann. Vor allem muss er lernen, dass man dem ersten Eindruck nicht immer trauen kann, dass der Schein meist trügt. Seine Vorstellungen von der Welt sind immer wieder realitätsfremd. Aber er gibt trotz seiner Fehlschläge nicht auf. Noch einmal fragt er den Vater, ob da nicht doch noch eine Tochter wäre. Er spürt, dass er am richtigen Ort sucht.

Wie sieht das nun von Aschenputtels Seite aus? Aschenputtel kommt nun, kurz vor der Erfüllung ihres Wunsches, in eine Situation, in der sie keine Möglichkeit mehr hat zum Handeln. Ohnmächtig muss sie zuschauen, wie ihr Traum scheinbar zerrinnt und alles anfängt in die falsche Richtung zu laufen. Ihr Ziel ist plötzlich außer Reichweite. Das Leben geht an ihr vorbei, keine äußere Veränderung ist zu sehen, sie ist nur Statistin. Jetzt gilt es für sie, trotz aller Ungereimtheiten ihr Vertrauen in die Wunschverwirklichung nicht zu verlieren. Es sieht aus, als würde hier ihr Glaube geprüft. Jetzt gilt es das Vertrauen auf Gott, die Hoffnung auf Gottes unendliche Möglichkeiten und an Wunder aufrecht zu erhalten. Zweifel und hektisches Agieren würden nun alles zunichte machen oder zumindest die Begegnung verzögern.

Gottes Wege sind unerforschlich!

XIV
Aschenputtel lässt die Maske fallen

„Nein", sagte der Mann, „nur von meiner verstorbenen Frau ist noch ein kleines verbuttetes Aschenputtel da: das kann unmöglich die Braut sein." Der Königssohn sprach, er sollte es heraufschicken, die Mutter aber antwortete: „Ach nein, das ist viel zu schmutzig, das darf sich nicht sehen lassen." Er wollte es aber durchaus haben, und Aschenputtel mußte gerufen werden. Da wusch es sich erst Hände und Angesicht rein, ging dann hin und neigte sich vor dem Königssohn, der ihm den goldenen Schuh reichte. Dann setzte es sich auf einen Schemel, zog den Fuß aus dem schweren Holzschuh und steckte ihn in den Pantoffel, der war wie angegossen. Und als es sich in die Höhe richtete und der König ihm ins Gesicht sah, so erkannte er das schöne Mädchen, das mit ihm getanzt hatte, und rief: „Das ist die rechte Braut!" Die Stiefmutter und die beiden Schwestern erschraken und wurden bleich vor Ärger: er aber nahm Aschenputtel aufs Pferd und ritt mit ihm fort. Als sie an dem Haselbäumchen vorbeikamen, riefen die zwei weißen Täubchen:
„Rucke di guck, rucke di guck,
kein Blut im Schuck:
der Schuck ist nicht zu klein,
die rechte Braut, die führt er heim."
Und als sie das gerufen hatten, kamen sie beide herabgeflogen und setzten sich dem Aschenputtel auf die Schultern, eine rechts, die andere links, und blieben da sitzen.

Der Mann, der Vater, der in Aschenputtels Traum noch dachte: „Sollte es Aschenputtel sein?" meint nun, dass diese unmöglich die vom Prinzen gesuchte Frau sein kann. Er will und kann in der Realität dem Prinzen nicht helfen, obwohl er in Aschenputtels Traum mit vollem Einsatz Taubenhaus und Birnbaum umgeschlagen hat. Sein Verstand lässt es nicht zu, hinter seiner dienstbaren Tochter noch ein anderes Wesen zu sehen. Und vor seiner eigenen Frau kann er schon gar nicht zugeben, dass er im Geheimen in seltenen Stunden manchmal anders über seine geliebte Tochter aus längst vergangenen Zeiten denkt. Diese unbeholfene, unattraktive und unterwürfige Frau, die konnte nicht die von einem Prinzen gesuchte Braut sein. Wenig Gedanken hat auch er sich über den Menschen gemacht, der da immer zurückgezogen, unscheinbar, aber hilfreich und kaum etwas für sich fordernd in seinem Hause lebt. Aschenputtel hat das nie herausgefordert.

Die Zeit des Träumens ist aber nun vorbei, wir sind in der Realität. Jetzt liegt es am Prinzen zu beweisen, dass es ihm mit der Suche nach seiner Dualpartnerin Ernst ist. Er ist vom Schicksal bis vor Aschenputtels Tür geführt worden, nun kann ihm niemand mehr helfen. Was er aus der Chance macht, ist seine Angelegenheit.

Als der Prinz nun den Vater drängt, die, die es unmöglich sein kann, doch zu holen, sieht er sich mit der abwehrenden Mutter konfrontiert. Diese brüstet sich gern mit ihren schönen Töchtern und möchte die schmutzige, gehalten als Dienstmagd, lieber nicht in die Öffentlichkeit bringen und dem Prinzen präsentieren. Kann er sich gegen die Mutter, die noch immer ein Zusammentreffen verhindern will, gegen die Vergangenheit durchsetzen?

Der Prinz spürt, dass er jetzt auf dem richtigen Weg ist und lässt nicht mehr locker. Er ist stark genug, und die Abwehr der Mutter ist nur halbherzig. Wenn die Zeit für etwas reif ist, geht alles fast wie von alleine. Die Eltern müssen deshalb ans Licht bringen, was auch zu ihnen gehört, was sie aber, weil schmutzig, so gerne versteckt gehalten hätten.

Und siehe da, Aschenputtel kann nun ohne große Schwierigkeiten den Platz an der wärmenden Asche am Herd, kann ihre Heimat verlassen. Es hält sie nichts mehr fest. Sie ist bereit, ihr gut gehütetes Geheimnis, nämlich das, was sich hinter der schützenden Maske entwickelt hat, zu lüften und ihre wahre Persönlichkeit Eltern und Schwestern und damit der ganzen Welt zu zeigen. Die Vergangenheit ist für sie geklärt, und so kann sie auch dem Prinzen Einblick in ihre Situation gewähren. Sie gerät nicht mehr in Panik bei dem Gedanken, ob sie tatsächlich schön und gut genug für den Königsohn ist. Sie weiß, dass sie es ist. Ihr Selbstwertgefühl ist entwickelt. Deswegen braucht sie sich auch nicht mehr vor dem Mann ihrer Träume versteckt zu halten und sich wegen ihrer alten Kleider, ihrer alten Rolle zu schämen.

Im Märchen heißt es: „Da wusch es sich erst Hände und Angesicht rein ...“ Das klingt so wie eine Arbeit von fünf Minuten, ist aber Schwerstarbeit und dauert sicher auch wieder längere Zeit. Denn sich von einer Maske zu befreien, von einer Rolle zu verabschieden, die man ein Leben lang gespielt hat, ist nicht leicht, dazu gehört viel Kraft und eine Menge Mut. Im übertragenen Sinne bedeutet dies ja, dass sie ihr bisheriges sie lähmendes Verhalten, womit sie allerdings vielen Auseinandersetzungen aus dem Weg gehen konnte, ändern muss, dass sie aufhören muss, immer nur anderen zu dienen. Es bedeutet, ohne die Maske „fromm und gut“ vor ihrer Familie dazustehen und die Rolle aufzugeben, die sie damit gespielt hat. Nicht nur sie verliert dadurch etwas, sondern auch die Familie. Wer verliert schon gern eine Dienstmagd.

Mit dem Zeigen ihrer entwickelten Persönlichkeit bricht Aschenputtel aber mit der Vergangenheit und passt so nicht mehr in ihren alten Wirkungskreis. Ihr Leben spielte sich im Heim und in der Familie ab. Es war der Bereich, in dem sie Aufgaben und Pflichten gut kannte. Dadurch gab er ihr Sicherheit, und meistens fühlte sie sich durchaus auch wohl. Aber er konnte sie nicht wirklich auf Dauer zufrieden stellen, er war zu eng für die neue Frau geworden. Und da gab es ja auch noch diesen Traum vom Prinzen.

Aber erst die Auseinandersetzung mit ihrer Vergangenheit ließ sie das verstehen, was ihr in den vielen Jahren passiert war, und ließ sie erkennen, dass alles, so wie es geschehen war, auch richtig war. Diese Einsicht ist eine göttliche Befreiung und lässt sie das letzte Hindernis aus dem Weg räumen, das noch zwischen ihr und dem Prinzen steht: All der Groll, aufgestaut in vielen Jahren, löst sich plötzlich in Nichts auf und sie kann sich und ihren vermeintlichen Feinden, die ja letztendlich nur ihre Lehrer auf ihrem Weg waren, verzeihen. (So kann man auch das Christuswort „Liebet Eure Feinde!“ verstehen.) Hände und Gesicht werden rein, wenn sie das, was war, als genau richtig für sie akzeptiert, sich so mit der Vergangenheit aussöhnt und sie dann loslassen kann.

Die Angst vor der Mutter ist verschwunden, da sie sie in ihrer Ganzheit erkannt und anerkannt hat. Nun wird sie sicher auch wieder deren gute Seiten sehen können und die Liebe zu ihr erneut finden. Und so können ihre Stiefschwestern, nach Lösung der Mutterproblematik, auch wieder ihre Schwestern werden. Uneingeschränkt darf sie sie nun lieben, so wie sie sind, auch wenn diese sich in ihrem Verhalten nicht verändert haben. Aber das wichtigste ist, dass sie ihrer inneren Stimme, ihren inneren Bildern gefolgt ist, auch wenn meist keine große Aussicht auf eine Verwirklichung in der Realität gegeben war.

Ohne Eile und voller Anmut, vor ihrer Familie, wechselt sie die Schuhe. Sie tauscht den schweren Holzpantoffel, der bisher zu ihr gehört hat, gegen den goldenen Schuh, den ihr der Prinz reicht und damit ihre Persönlichkeitsveränderung ermöglicht. Es ist ihr Schuh, sie braucht sich nicht zu verbiegen, niemand anderer werden und es schmerzt sie nicht, diesen Schuh zu tragen. Er passt ihr, er passt zu ihr. Dieser Schuh, dieser neue Standpunkt, in aller Öffentlichkeit gezeigt und vertreten, wird sie in eine Zukunft führen, die sie sich noch nicht vorstellen kann, in die sie aber bereit ist zu gehen.

Was sie in ihrer zukünftigen Identität als Prinzessin, zusammen mit ihrem Prinzen, erwartet, ist ihr unbekannt und fremd. Sie hat eine Entwicklung durchlaufen von der Raupe über die Puppe bis zum frei fliegenden Schmetterling, dabei hat sie Vertrauen in den Prozess des Lebens gewonnen. Sie weiß, sie wurde von höherer Macht geführt. Wer will sie noch aufhalten?! Das einzige, was wir von Mutter und Schwestern lesen, ist, dass sie erschraken und vor Ärger bleich wurden. Das lässt sich sicher gut aushalten.

Alles geschieht jetzt ohne Komplikationen und selbstverständlich, denn alles hat seine Richtigkeit. Der Prinz kann in dem reinen Gesicht seine Tänzerin erkennen. Der passende Schuh bestätigt nur noch das, was er in seinem Herzen schon lange weiß: „Das ist die Verkörperung meiner Zwillingsseele, meine Dualpartnerin."

Er nimmt Aschenputtel nun auf sein Pferd und reitet mit ihr fort, heißt es im Märchen.

Nirgends steht, dass er mit ihr zurück aufs Schloss will, was mir wieder bestätigt, dass das Schloss lediglich ein Symbol für einen anderen Bewusstseinszustand ist. Und als er dieses Mal am Grab mit dem Haselbäumchen vorbereitet, kann sich das unbewusste Inbild seiner Geliebten mit der Realität vermischen. Die beiden Täubchen fliegen vom Baum auf Aschenputtels Schultern, eines setzt sich auf die rechte, das andere auf die linke Schulter. Sie symbolisieren so die Verbindung zwischen Männlichem und Weiblichem in der Person Aschenputtel, was die Voraussetzung ist, sich auch mit ihrem Dual zu vereinigen. Und sie singen das Lied von der rechten Braut.

XV
Die Hochzeit

Als die Hochzeit mit dem Königssohn sollte gehalten werden, kamen die falschen Schwestern, wollten sich einschmeicheln und teil an seinem Glück nehmen. Als die Brautleute nun zur Kirche gingen, war die Älteste zur rechten, die Jüngere zur linken Seite: da pickten die Tauben einer jeden das eine Auge aus. Hernach, als sie herausgingen, war die Älteste zu linken und die Jüngste zur rechten: da pickten die Tauben einer jeden das andere Auge aus. Und waren sie also für ihre Bosheit und Falschheit mit Blindheit auf ihr Lebtag gestraft.

Da wir es bisher nicht mit alttestamentarischen Verhaltensweisen „Aug' um Aug' und Zahn um Zahn" zu tun hatten, gehe ich davon aus, dass auch im letzten Kapitel, trotz vordergründiger Brutalität, nichts dergleichen gemeint ist.

Die beiden Schwestern sind neugierig und hoffen, wenigstens durch Nähe etwas vom Glück Aschenputtels erhaschen zu können, wenn sie schon nicht selber Braut sein dürfen. Sie spüren, dass da etwas ganz Besonderes passiert.

Aschenputtel hat sich mit ihrer Vergangenheit ausgesöhnt, liebt ihre Schwestern, wie sie sind, und lässt sie als Gäste an der Hochzeit teilnehmen. Mutter und Vater haben aber bei dieser offensichtlich keinen Platz mehr. Diese beiden gehören der Vergangenheit an. Sie haben ihre Aufgaben erfüllt. Außerdem ist dies keine gewöhnliche Hochzeit, die man mit der Verwandtschaft feiert. Kein Standesamt und kein Priester dieser Erde sind dafür zuständig. Es ist eine himmlische Hochzeit.

Durch die Arbeit an ihrer Persönlichkeit hat Aschenputtel sich entwickelt und einen Bewusstseinszustand erreicht, zu dem ihre Schwestern keinen Zugang haben. Die Verbindung der beiden hochentwickelten Menschen findet in einer anderen Dimension statt, außerhalb ihres Gesichtsfeldes. Auch wenn sie ganz dicht neben dem Brautpaar gehen, damit ihnen ja nichts entgeht, sind sie doch halb blind für die Zeremonie in der Kirche. Sie sehen den äußeren Vorgang, begreifen aber nicht dessen Bedeutung. Und für das, was nach der Vermählung mit den beiden Menschen geschieht, fehlen ihnen beide Augen: Die Tauben haben sie ausgepickt.

Egal, welche Position sie einnehmen, die linke oder die rechte, also die gefühlsbetonte und intuitive oder die intellektuelle und rationale, sie stehen auf einer anderen Bewusstseinsebene und haben daher keine Möglichkeit, das zu sehen, was zwischen und mit dem Paar nun passiert: Das Paar entschwindet vor ihren Augen.

Der einzige Weg zu sehen, was mit Aschenputtel und dem Prinzen weiter geschieht, wäre für die Mädchen, sich selber weiter zu entwickeln. Aber das Märchen endet mit den Worten: „Und sie waren für ihre Bosheit mit Blindheit auf ihr Lebtag gestraft." Das klingt für mich so, als müssten sie dafür eine neue Inkarnation abwarten.

Was mit Aschenputtel und ihrem Prinzen nun geschieht, bleibt aber nicht nur für die Schwestern, sondern auch für uns ein Geheimnis. Doch es gibt eine Möglichkeit dieses zu lüften. Es ist nicht ganz einfach, aber wir sind alle dabei, wenn wir den Weg der Persönlichkeitsentwicklung gehen. Und unser persönliches Aschenputtel-Märchen kann aufgrund unseres freien Willens enden wie bei den falschen Schwestern mit „Blindheit bis auf ihr Lebtag" oder aber mit einer königlichen, mit einer himmlischen Hochzeit.

Ergänzende Literatur zum Thema:

Eugen Drewermann: Aschenputtel – Grimms Märchen tiefenpsychologisch gedeutet

Hildegunde Wöller: Aschenputtel – Energie der Liebe

Silvia Wallimann, Dagmar Dietz: Dualseelen werden kommen – Ein Märchen aus der Unendlichkeit enthüllt das Mysterium der Einheit

Thomas Ulrich: Dualseelen, Dualseeler und Seelenpartner

Irene Paust, Jahrg. 48, ist verheiratet, hat zwei erwachsene Söhne und lebt in Schwabach, südlich von Nürnberg.
Vor 25 Jahren begann sie mit dem Studiums der Graphologie und der Astrologie. Seit 15 Jahren bietet sie in ihrer graphologischen und astrologischen Praxis Lebens- und Berufsberatungen an, daneben Vorträge, Kurse und Seminare zur Persönlichkeitsentwicklung.

Dieses Buch können Sie außer über den Buchhandel auch direkt bestellen bei:
Irene Paust
Richard-Bergner-Str. 16
91126 Schwabach

Tel./Fax: 09122/81256
Email: Irene_Paust@yahoo.de
www.Irene-Paust.de